VILLE DE TOURNUS.

CATALOGUE

des

OUVRAGES

de la

BIBLIOTHÈQUE.

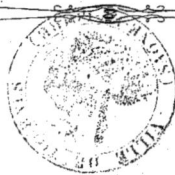

CHALON-SUR-SAÔNE,

Imprimerie SORDET-MONTALAN, rue Fructidor.

1867.

VILLE DE TOURNUS.

TOURNUS

CATALOGUE

DES OUVRAGES

de la

BIBLIOTHÈQUE

Dressé sous l'administration de MM. Pierre-Marie CHARMONT, *maire;* Charles FRANON et François

BARRAULT, *adjoints;* et par les soins de M. l'*Aumonier* PATER.

pour la Salle des Catalogues

CHALON-SUR-SAONE,

Imprimerie SORDET-MONTALAN, rue Fructidor.

1867.

NOTICE PRÉLIMINAIRE.

Le Conseil Municipal avait confié à M. Pater, aumônier des hospices, la mission de dresser le catalogue de la bibliothèque de la ville.

Le travail était difficile et ingrat, les ouvrages étaient amoncelés sans ordre sur des rayons insuffisants à les contenir, beaucoup étaient dans un état pitoyable, des volumes d'un même ouvrage manquaient à l'appel.

M. Pater s'est acquitté de ce travail avec un plein succès.

Aujourd'hui les ouvrages sont admirablement classés; leur état matériel a été réparé, et beaucoup de volumes égarés ont été rendus à la ville.

Sa mission accomplie, M. Pater en a rendu compte au Conseil Municipal en ces termes :

Tournus, le 2 février 1867.

M. LE MAIRE ET MM. LES CONSEILLERS MUNICIPAUX,

De nos jours, où le goût de la lecture se répand de plus en plus, les livres occupent, par leur influence sur toutes les classes de la société, une place importante dans les relations des hommes; et les bibliothèques publiques ou particulières se multiplient et s'agrandissent proportionnellement. C'est qu'en effet de tous les établissements qui conviennent à un peuple civilisé, un des plus utiles est certainement une bibliothèque où tous les matériaux de la science sont déposés de manière à être continuellement à la disposition des hommes studieux. Mais le mérite d'une bibliothèque publique n'est pas seulement dans sa richesse en livres et dans l'ensemble le plus complet de leurs classes, il est aussi dans la facilité et la liberté pour le public d'en jouir et dans sa conservation pour les temps futurs. Non, un grand nombre de livres entassés sur des rayons ne constituent point une bibliothèque; ces livres ne la formeront que lorsqu'ils seront classés, catalogués et rangés d'une manière convenable à l'étude.

Pénétré de ces idées, Monsieur le Maire, vous avez à cœur de tirer de l'oubli et de la poussière la bibliothèque de la ville, précieux héritage des anciens moines de St-Philibert, et de la réorganiser pour faire jouir de ses bienfaits vos concitoyens. Quoique trop longtemps abandonnée au gaspillage par une coupable incurie, néanmoins elle possède encore des richesses littéraires assez abondantes pour mériter les honneurs d'un catalogue, et plus d'une grande ville nous envie certains ouvrages que nous avons le bonheur de posséder.

Messieurs les membres du Conseil municipal et vous, Monsieur le Maire, vous m'avez fait l'honneur de me confier l'organisation de votre bibliothèque et la confection de son catalogue; plus empressé de répondre à cette marque de confiance, que préoccupé de la difficulté de l'entreprise, j'ai accepté la tâche et je me suis mis à l'œuvre. Puissé-je avoir réussi et répondu à vos espérances!

Une bibliothèque bien organisée doit toujours posséder deux catalogues : l'un alphabétique, l'autre systématique. Plus tard on pourra s'occuper du premier; pour le moment le second seul fait l'objet de notre travail.

Or, plus un système est simple et rationnel dans le développement naturel des classes principales par les divisions et subdivisions, plus il se rencontrera avec les idées que toute tête logique suit dans ses recherches. Il existe, dans le monde littéraire, un grand nombre de ces systèmes adoptés par les différentes bibliothèques publiques et par les personnes qui ont fait de la bibliographie une étude particulière; nous adoptons celui qui est le plus généralement suivi en France et qui divise les matières d'une bibliothèque en cinq classes principales : *Théologie, Jurisprudence, Sciences et Arts, Belles-Lettres, Histoire.*

A l'inspection du catalogue que je vous envoie ci-joint, vous verrez, Monsieur le Maire, que la 1re classe est subdivisée en six sections qui comprennent : l'Ecriture sainte et les Commentaires ; les Conciles et les Pères de l'Eglise ; les théologiens proprement dit ; les ouvrages de polémique sur le jansénisme ; les prédicateurs ; les ouvrages de religion et auteurs ascétiques. La 2e classe comprend tous les ouvrages de droit canon, de droit ecclésiastique et civil. Je n'ai point établi de subdivision, parce que les matières ont tant de rapport les unes avec les autres que souvent elles se confondent. Toutefois j'ai eu soin, pour suivre un certain ordre, de placer d'abord les ouvrages de droit canon et de terminer par le droit civil, quand je n'en étais pas empêché par la différence de format des volumes.

Les dictionnaires et les ouvrages de sciences forment la matière de la 3e classe où vous trouverez d'abord l'Encyclopédie et les autres dictionnaires ; l'histoire naturelle, les ouvrages de mathématiques, de médecine et de chirurgie et enfin de philosophie. La classe des belles-lettres se réduit à peu de chose, comme le prouve le simple énoncé des titres des ouvrages. Nous sommes beaucoup plus riches dans la dernière classe de notre catalogue. Elle nous présente, après les histoires universelles, les histoires saintes, ecclésiastiques et celles des différentes religions, des saints en général et de quelques saints en particulier ; puis les histoires profanes des peuples anciens et du peuple romain à différentes époques de son existence, plusieurs histoires de France, des mémoires et des histoires particulières.

J'ai cru devoir placer à part certains ouvrages modernes tels que les œuvres de M. de Lamartine et les monuments inédits de l'histoire de France, comme étant destinés à former, avec ceux que la ville se procurera, le commencement d'une nouvelle série.

Vous pouvez voir, Monsieur le Maire, à la simple inspection du catalogue, que chaque ouvrage se présente avec la lettre de sa case, son numéro d'ordre, celui de la bibliothèque, son titre, le nom de son auteur, s'il est connu, également celui de l'éditeur, et de la ville où il a été édité, l'année, le format, le nombre de volumes, complets ou non ; et cela chaque chose dans sa colonne, en sorte que, sans recherches, on peut porter la main dans le rayon sur le volume qu'on veut prendre, ou retrouver immédiatement la place de celui qu'on rapporte.

On remarquera à plusieurs endroits des numéros *bis* ; cette irrégularité provient soit de quelques fautes qui ont échappé, soit de la rentrée de quelques volumes qu'on a rapportés après la confection du catalogue.

Conformément à votre désir, Monsieur le maire, j'ai fait un triage ; j'ai éliminé tous les ouvrages qui étaient par trop incomplets, et la plupart de ceux qui étaient à double exemplaire ; la colonne d'observation indique les volumes qui manquent dans un ouvrage, de sorte qu'en la parcourant il est facile de faire la liste des volumes manquants pour tâcher de compléter les ouvrages incomplets.

Un mot maintenant sur les Atlas.

Le catalogue du cardinal Fleury en main (*), je les ai tous collationnés. J'ai vérifié une à une chaque planche ; malheureusement j'ai eu la douleur de constater beaucoup de larcins ; ceux qui les ont commis étaient experts dans l'art : ils ont bien su choisir. Tout récemment un homme honorable m'a signalé un des auteurs de ces larcins.

Chaque Atlas a sa lettre ; et dans chaque Atlas chaque planche a son numéro ; de même chaque Atlas et chaque planche retrouve sa lettre et son numéro dans le catalogue ; celles des planches qui sont enlevées sont notées en marge du catalogue. J'en ai compté *trente-quatre.*

En finissant je regarde comme un devoir de payer, devant vous, Monsieur le Maire, et votre conseil, la dette de la reconnaissance au frère, M. Lesbrot qui m'a prêté, dans mon travail, un concours intelligent et dévoué.

Ma tâche est finie, Monsieur le Maire. Si le travail que j'ose vous présenter, tout imparfait qu'il est, peut vous être agréable, Monsieur le Maire, ainsi qu'à messieurs les membres du conseil municipal, je serai amplement récompensé de mes peines.

Je vous prie, Monsieur le Maire, d'agréer l'assurance de ma respectueuse considération,

PATER,

Aumônier des hospices.

Après avoir entendu la lecture de cette lettre, le Conseil Municipal, à l'unanimité, a voté des félicitations et des remerciements à M. l'Aumônier Pater.

Tournus, le 10 février 1867.

Le Maire de Tournus,

CHARMONT.

(*) Ces Atlas sont un don de M. le Cardinal Fleury.

NUMÉRO des Ouvrages.	NUMÉRO DES VOLUMES.	TITRE DES OUVRAGES.	TRADUCTEURS OU COMMENTATEURS.	ÉDITEUR.	VILLE.	DATE.	NOMBRE DES VOLUMES.	FORMAT.	OBSERVATIONS.
		1ʳᵉ CLASSE							
		1ᵉ SECTION.							
		Écriture-Sainte et Commentaires.							
	Case A.								
1	1 A	LA BIBLE, autrement : l'Ancienne et la Nouvelle Alliance, le tout conféré sur les textes Hébreux et Grecs, par les pasteurs et les professeurs de l'Église de Genève; avec les Psaumes mis en rimes françaises.	Marot	J. Chouet	Genève	1644	1	in-F°	
2	2 A	BIBLIA SACRA vulgatæ editionis, Cum selectisa nnotanionibus 2°: ex optimis quibuscumque interpretibus excerptis, prolegomenis, novis tabulis, etc., illustrata.	J.-B. du Hamel	D. Mariette	Parisiis	1706	1	in-F°	
3	3 - 6 A	LA SAINTE-BIBLE	de Sacy	G. Desprez	Paris	1717	4	in-F°	
4	7 - 9 A	LA SAINTE-BIBLE	Ant. Vitré	J.-F. Broncart	Liège	1702	3	in-F°	
5	10 - 11 A	LA SAINTE-BIBLE, texte français, traduction de Louvain	»	P. Variquet	Paris	1667	2	in-F°	
6	12 - 12 (bis) A	ESTII annotationes in script. sacram, 4ᵉ éd.	Estius	Fréd. Léonard	Lutetiæ	1663	2	in-F°	Le 2ᵉ v. renferme les épîtres de P. Paulaux, Rom., Corinth et Galates. Le 3ᵉ manque.
7	13 A	FROMONDI COMMENTARIA in epistola S. Pauli et aliorum apostolorum	Fromondus	J. Dupuis	Parisiis	1671	1	in-F°	Renfermant 3 tomes.
8	14 A	SANCTA D. S. N. C. EVANGELIA, secundum Evangelistas; per Jacobum d'Auzoles, et Petrum d'Auzoles.	Jacobus d'Auzolès	P. Chevallier	id.	1640	1	in-F°	
9	15 A	LE NOUVEAU TESTAMENT, 7ᵉ édition. .	»	G. Migeot	Mons	1677	1	in-4°	
10	16 - 17 A	NOUVEAU TESTAMENT, avec notes . .	Amelote	Muguet	Paris	1688	2	in-4°	
11	18 A	QUINTUPLEX PSALTERIUM.	Gb Fabri	H. Stéphane	id.	1509	1	in-4°	
12	19 - 43 A	COMMENTAIRE sur tous les livres de l'Ancien et Nouveau Testament. . . .	Dom Calmet	P. Emery	id.	1707	25	in-4°	
13	44 A	NOUVELLES DISSERTATIONS importantes et curieuses sur l'Écriture-Sainte . . .	id.	id.	id.	1720	1	in-4°	Ces deux ouvrages offrent des variantes.
14	45 A	Le même	id.	id.	id.	id.	1	in-4°	
15	46 - 49 A	DICTIONNAIRE DE LA BIBLE, 2ᵉ édition.	id.	M. Bousquet	Genève	1730	4	in-4°	
16	50 - 65 A	LA SAINTE-BIBLE	de Vence	Ant. Boudet	Paris	1767	en 17	in-4°	Le 7ᵉ volume manque.
17	66 A	CORNELLII JANSENII commentarius in Sacra Evangelia	Jansenius	L. Rouland	Lutetiæ	1688	1	in-4°	
18	67 A	BIBLIA	»	F. Griffius	id.	1642	1	in-8°	
19	68 A	BIBLIA SACRA	»	And. Laurens	Lugduni	1710	1	in-8°	
20	69 A	LA SAINTE-BIBLE	»	Séb. Honoré	Lyon	1558	1	in-8°	
21	70 A	LE NOUVEAU TESTAMENT, latin-français.	Mˡ de Marolle	Séb. Huré	Paris	1660	1	in-8°	
22	71 - 75 A	DISCOURS ET DISSERTATIONS sur l'Ancien et le Nouveau Testament	Dom Calmet	Emery	id.	1715	5	in-8°	
23	76 - 79 A	LE NOUVEAU TESTAMENT avec réflexions morales, par ordre de l'Évêque de Chalons.	»	And. Fraslard	id.	1653	4	in-8°	
24	80 - 83 A	EXPLICATION DES SS. PÈRES sur le Nouveau Testament	les SS. Pères	Rouland	id.	1689	4	in-8°	
25	84 A	CONCORDIA QUATUOR EVANGELISTᵒʳᵘᵐ.	Séb. Leroux	Aubouyn	Parisiis	1659	1	in-8°	
25 (bis)	85 A	DE LA LECTURE DE L'ÉCRITURE-SAINTE contre Mallet	M. Arnaud	Sim. Mathieu	Anvers	1680	1	in-12	
26	86 - 116 A	TRADUCTION DE LA BIBLE avec des explications du sens littéral et spirituel.	les SS. Pères	L. Rouland	Paris	1683 s.	31	in-8°	Il manque l'Ecclésiastique.
27	117 - 143 A	Le même ouvrage	les Pères de l'Église	G. Desprez	id.	1695 s.	27	in-12	Il manque les Nombres. — Josué. — Les Juges. — Ruth et les Proverbes.
28	144 - 145 A	LE SENS PROPRE ET LITTÉRAL DES PSAUMES DE DAVID (3ᵉ édition). . .	J. P. L.	Eug. Friex Comte et Montalan	Bruxelles Paris	1713	2	in-12	
29	146 - 148 A	PARAPHRASE DES PSAUMES DE DAVID et Cantiques de l'Église	Père Fellon	Cl. Journet	Lyon	1735	3	in-12	
30	149 A	EXPLICATION LITTÉRALE ET MORALE DE SAINT-PAUL aux Romains. . . .	Le Tourneux	Guil. Cavelier	Paris	1715	1	in-12	
31	150 A	RÈGLES POUR L'INTELLIGENCE DES SS. ÉCRITURES.	Duguet	Jacq. Etienne	id.	1726	1	in-12	
32	151 - 155 A	BIBLIA SACRA	P. Guillemin	Beaujolin	Lugduni	1680	5	in-12	
33	178 - 179 A	EXPLICATION : 1° de la Genesse, 6 vol. ; — 2° des Rois et Paralip., 5 vol. ; — 3° de Job, 4 vol. ; — 4° d'Isaïe, 6 vol. ; — 5° du Deuteron., d'Habacue et de Jonas, 1 vol .	Duguet	Babuty	Paris	1722 s.	22	in-12	

NUMÉRO des Ouvrages.	NUMÉRO DES VOLUMES.	TITRE DES OUVRAGES.	TRADUCTEURS OU COMMENTATEURS.	ÉDITEUR.	VILLE.	DATE.	NOMBRE DES VOLUMES.	FORMAT.	OBSERVATIONS.
34	178 - 179 A	NOUVEAU TESTAMENT de Mons . . .		G. Migeot	Mons	1667	2	in 12	
35	180 A	PARAPHRASE SUR LE LIVRE DE JOB, en vers français	D. Gratien	L. Billaine	Paris	1668	1	in-12	
36	181 A	PARAPHRASTICA ELUCIDATIO IN JOB .	F. Titelmannus	Joanes Steelsius	Antuerpiæ	1547	1	in-12	
37	182 A	IN PSALMOS COMMENTARIUM . . .	Gilb. Genebrard	Cardon	Lugduni	1607	en 2	in-8°	Le 1er volume manque.
38	182 (bis) A	EXPLICATION DES PSAUMES . . .	Dom Jph. Mège	Billaine	Paris	1675	1	in-8°	
39	183 A	PSAUMES DE DAVID avec des notes tirées des SS. Pères	»	Josset	Paris	1679	1	in-8°	
40	184 A	SENS PROPRE ET LITTÉR. DES PSAUMES, 3e édition	»	Montalan	Paris	1715	1	in-12	
41	185 A	PARAPHRASE DES PSAUMES DE DAVID.	Ant. Godeau	Denis Thierry	Paris	1686	1	in-12	
42	186 A	ESSAI DE PSAUMES ET CANTIQUES mis en vers	Mlle ***	Michel Brunet	Paris	1694	1	in 12	
43	187 A	ELOGIA PATRIARCHARUM ET CHRISTI-JESU.	Aloys us Juglaris	Schôwretteri	Moguntiæ	1661	1	in-12	
44	188 A	CANTIQUE DES CANTIQUES avec une explication tirée des SS. Pères . .	»	Guil. Desprez	Paris	1694	1	in-12	
45	189 A	CANTIQUE DE SALOMON, selon le sens mystique	»	Urb. Boustellier	Paris	1688	1	in-12	
46	190 A	BIBLE	Royaumond	les associés au privilége	Lyon	1700	1	in-12	
47	191 - 193 A	NOUVEAU TESTAMENT avec réflexions morales par ordre de l'évêque de Chalon.	»	André Praslard	Paris	1693	en 4	in-8°	Le 1er volume manque.
48	194 - 196 A	NOUVEAU TESTAMENT avec remarques littérales et critiques.	»	Etienne Ganot	Trévoux	1702	en 4	in-12	Le 1er volume manque.
49	197 - 198 A	EXPLICATIONS DE SAINT-AUGUSTIN et des SS. Pères sur le Nouveau Testament	»	Léon Plaignard	Lyon	1690	en 4	in-12	Les 2 premiers v. manquent
50	199 A	NOUVEAU TESTAMENT latin-français. .	»	Gasp. Migeot	Mons	1684	en 2	in-12	Le 1er volume manque.
51	200 - 201 A	ANALYSE DE L'ÉVANGILE selon l'ordre historique, avec dissertations . . .	R. P. Mauduit	Rouland et Nully	Paris	1694	en 3	in-12	Le 1er volume manque.
52	202 - 203 A	ANALYSE DES ÉPITRES DE St-PAUL et canoniques	id.	id.	id.	1693	2	in-12	
53	204 A	ANALYSE DES ACTES DES APOTRES .	id.	Etienne Michalet	Paris	1697	en 2	in-12	Le 1er volume manque.
54	205 - 207 A	PARAPHRASE sur les Épitres de St-Paul.	Mgr Godeau	La société	Lyon	1666	3	in-18	
55	208 - 209 A	ABRÉGÉ DE LA MORALE des actes des Apôtres et des Épitres.	»	And. Praslard	Paris	1687	2	in-18	
56	210 A	GLOSSARIUM UNIVER. Hebraïcum . .	Thomassin	Typog. Regia	Parisiis	1697	1	in-F°	
57	211 A	SANTIS PAGNINI LUCENSIS Isagoga. .	Stus Pagnini	Hugonum	Lugduni	1536	1	in-F°	
58	212 A	NOVI TESTAMENTI CONCORDIA. . .	Bourret	»	»	1691	1	in-4°	Manuscrit.
59	213 - 229 A	OEUVRES COMPLÈTES DE BOSSUET y compris la Défense du Clergé de France et l'Histoire des variations . .	Bossuet	Boudet	Paris	1772	17	in-4°	
60	230 - 232 A	DE ANTIQUIS ECCLESIOE RITIBUS . .	Dom Martène	G. Balhouet	Rotomagi	1700	3	in-4°	
61	233 A	DE ANTIQUIS MONACHORUM RITIBUS.	Dom Martène	Anisson	Lugduni	1690	1	in-4°	
62	234 - 237 A	LO SPIRITO DELLA CHIESA NELL'USO (L'Éprit de l'Église dans l'usage des Psaumes)	Rotigny	Rotigny	Padoue	1750	4	in-12	

2me SECTION.

Conciles et Pères de l'Église.

Case B.

NUMÉRO des Ouvrages.	NUMÉRO DES VOLUMES.	TITRE DES OUVRAGES.	TRADUCTEURS OU COMMENTATEURS.	ÉDITEUR.	VILLE.	DATE.	NOMBRE DES VOLUMES.	FORMAT.	OBSERVATIONS.
63	238 B	BULLARIUM CLÉMENTIS XI.	Clementis XI	ex typ. Camer. Apost	Romæ	1723	1	in-F°	
64	239 - 250 B	ACTA CONCILIORUM	J. Harduini	Cl. Rigaud	Parisiis	1715	11	in-F°	
65	251 - 262 B	MÉMOIRES DU CLERGÉ DE FRANCE . .	»	F. Muguet	Paris	1716 s.	12	in-F°	
66	263 B	REMONTRANCES ET HARANGUES du Clergé de France au Roi	»	Pierre Simon	Paris	1740	1	in-F°	
67	264 B	ABRÉGÉ DES MÉMOIRES du Clergé de France	»	Guil. Desprez	Paris	1752	1	in-F°	
68	265 B	St-JUSTINI OPERA studio unius ex-Monachis St-Mauri. (Texte grec et latin). .	Stus. Justinus.	Carolus Osmont	Parisiis	1742	1	in-F°	
69	266 B	St-CYPRIANI OPERA recognita labore Stephani Baluzii, studio unius ex-Monachis St-Mauri	Stus Cyprianus	ex typ. Regia	Parisiis	1726	1	in-F°	

NUMÉRO des Ouvrages.	NUMÉRO DES VOLUMES.	TITRE DES OUVRAGES.	AUTEUR.	ÉDITEUR.	VILLE	DATE	NOMBRE DES VOLUMES.	FORMAT.	OBSERVATIONS.
70	267 B	S. AMBROSII OPERA, ex-editione romanâ 5 tom.	S. Ambrosius	ex typ. Regia	Parisiis	1642	en 2	in-F°	Les 1er et 3e tomes manquent
71	268 B	S. CHRYSOSTOMI OPERA, Tomus secondus	S. Chrysostomus	Cl. Chevallonius	Parisiis	1536	en 2	in-F°	Le 1er volume manque.
72	269-270 B	S. HIERONYMI OPERA, in-9 tom. digesta	S. Hieronymus	Jean Frobenus	Basileœ	1526	2	in-F°	Les 1er, 2e, 3e, 4e et 6e tomes. Le 5e manque.
73	271 B	EPISTOLÆ DIVI HIERONYMI cum scholiis Erasmi, Per illum recognitæ	S. Hieronymus	»	»	1526	1	in-F°	3 tomes.
74	272 B	S. GREGORII NYSSENI, a Laurentio Sifano in latinam linguam translata opera.	S. Gregorius	»	Basileœ	1542	1	in-4°	
75	273-279 B	S. AUGUSTINI OPERA, studio congregationis S. Mauri edita. (10 tomi).	S. Augustinus	Fr. Muguet.	Parisiis	1689 et s	7	in-F°	
76	280-286 B	S. AUGUSTINI OPERA per theologos Lovanienses edita. (11 tomi).	S. Augustinus	»	Parisiis	1651	7	in-F°	
77	287-290 B	S. GREGORII MAGNI OPERA studio monachorum Congreg. St-Mauri edita	S. Gregorius	Cl. Rigaud	Parisiis	1705	4	in-F°	
78	291 B	S. ANSELMI OPERA studio Gabrielis Gerberon monachi St-Mauri edita.	S. Anselmus	Montalan	Lutetiæ	1721	1	in-F°	
79	292-297 B	S. EPHREM OPERA (deux exemplaires).	S. Ephrem	H. Salvioni	Romæ	1722	6	in-F°	Les 3 premiers syriaque et latin, les 3 derniers grec et latin.
80	298-299 B	AURIFODINA scientiarum divinarum et humanarum	V P Robertus capicinus	Diony. Tierry	Parisiis	1680	2	in-F°	

3e SECTION.

Théologiens.

81	300-302 B	DICTIONNAIRE DES CAS de CONSCIENCE.	Pontas	par les Associés	Paris	1715 et s	3	in-F°	
82	303-305 B	Même ouvrage.	id.	id.	id.	1614	3	in-F°	
83	306-308 B	Même ouvrage.	id.	id.	id.	1741	3	in-F°	
84	308(b) 308 (t) B	DICTIONNAIRE DES CAS de CONSCIENCE.	Lamet et Fromageat	Cognard et Guérin	Paris	1733	2	in-F°	
85	309-328 B	PROELECTIONES THEOLOGICÆ HON. TOURNELII. De Deo, 2 vol. — De Gratiâ, 1 exemplaire en 2 vol. — De Incarn, 1 vol. — De Sacram, 1 vol. — De Penit., 2 vol. — De Euch., 2 vol. — De Ord., 1 vol. — De Matrim., 1 vol. — De Bapt., 1 vol. — De Trim, 1 vol. — De Eccl., 2 vol. — In Moralem, 3 vol. — De opere sex dierum, 1 vol.	Tournely	Mazières et Garnier	Parisiis	1725	20	in-8°	
86	329-335 B	SUMMA THEOLOGIÆ.	Lherminier	Delaulne	Parisiis	1714	7	in-8°	
87	336 B	MART. BECANI Tract. de Sacram	Becanus	J. Certe	Lugduni	1668	1	in-12	
88	337-338 B	THÉOLOGIE de RAYMOND BONAL.	Ray. Bonal	J. Hénault	Paris	1669 et s	2	in-12	
89	339 B	ATHÉISME de CALVIN et BÈZE.	Cl. de Sainte	Ch. Frémy	Paris	1568	1	in-12	
90	340-349 B	CLAVIS THEOLOGIÆ.	J. Dumetz	Trichard	Parisiis	1665	10	in-12	
91	350-352 B	COMPEND. INSTITUT. THEOL.	de Vertrieu	Fauléon	Pictavii	1727 et s	en 4	in-12	Le 1er, 2e et 4e v. seulement.
92	353-360 B	THÉOLOGIE MORALE.	F. Genet	Pralard	Paris	1715	8	in-12	
93	361-367 B	THÉOLOGIE. De Deo, 3 vol. — De Penit, 2 vol. — Euch, 2 vol.	Witasse	Nicol. Lottin.	Paris	1717 et s	7	in-12	
94	368-378 B	CONFÉRENCES DE LUÇON	»	Desallier	Paris	1700 et s	11	in-12	y compris le symbole.
	Case C.								
95	379 C	SOMME DE TOLET, traduite par Goffard.	Tolet	E. Baritel	Lyon	1671	1	in-4°	
96	380-381 C	BONACINÆ OPERA OMNIA.	Bonacina	Laurent Anisson	Lugduni	1656	2	in-F°	(3 tomes en 2 vol.)
97	382-383 C	CONTENSON THEOLOGIA	Contenson	Borde et Arnaud	Lugduni	1686	2	in-F°	
98	384-385 C	SILVII IN D. THOMAM. (Commentarii)	Silvius	J.-B. Verdussen	Antuerpiæ	1684	2	in-F°	
99	386-387 C	THEOLOGIA DOGMATICA et moralis Natalis Alexandri	Nat. Alexander	Ant. Dezallier	Paris	1703	2	in-F°	
100	388 C	COMMENTARIUS hist. et dog. de Sacram.	Juenin	Anisson et Possuel	Lugduni	1711	1	in-F°	
101	389 C	DE REBUS Eucharistia controversis.	de Saintes	Lhuillier	Parisiis	1576	1	in-F°	
102	390 C	RÉFUTATION des objections tirées de St-Augustin.	Duperron	Ant. Etienne	Paris	1624	1	in-F°	
103	391 C	LESSII OPUSCULA VARIA.	Lessius	Delagarde	Lugduni	1651	1	in-F°	
104	392 C	TRACTATUS DE POENITENTIA.	Witasse	Lottin	Parisiis	1717	1	in-4°	
105	393 C	JOAN. CALVINI Institutiones-epistolæ et responsa	Calvinus.	J.J. Schipper	Amsterodami	1667	1	in-F°	

2.

NUMÉRO des Ouvrages.	NUMÉRO DES VOLUMES.	TITRE DES OUVRAGES.	AUTEUR.	ÉDITEUR.	VILLE.	DATE.	NOMBRE DES VOLUMES	FORMAT.	OBSERVATIONS.
106	394 c	DEMONSTRATIONES SYMBOLORUM adversus athéistas et hœreticos . . .	Zacharia Boverius	Horace Cardon	Lugduni	1617	1	in-F°	
107	395-397 c	EPITOMES SANCTORUM R. P. P. ad Conciones	J. Lopez	Tarvisii ex typ. Ev. Deuchini	Venetiis	1603	3	in-4°	4 tomes en 3 volumés.
108	398 c	THEMISTII ORATIONES operâ Petavii et Harduini.	Harduini	Mabre-Cramoisy	Parisiis	1684	1	in-F°	
109	399 c	OEUVRES DE GRENADE.	Grenade	Molin	Lyon	1686	1	in-F°	
110	400 c	HOMELIÆ IN EVANGELIA . . .	Clemens XI	Salvioni	Rome	1722	1	in-F°	
111	401-443 c	CONFÉRENCES D'ANGERS. — Décalogue, 3 vol. — Lois, 1er et 2e vol. — Contrats, 1er et 2e vol. — Censures, 1er et 2e vol. — Cas réservés, 1er, 2e et 3e vol. — Irrégul., 1 vol. — Etats, 1 vol. — Grâce, 1er, 2e et 3e vol. — Bapt., 1 vol. — Euchar., 1er et 2e vol. — Penit, 1er et 2e vol. — Ord. 1 vol. — Edition de Paris et d'Angers 1758. — Lois, 1 vol. — Décal, 1er et 2e vol. — Contrats, 1 vol. — Censures, 1 vol. — Cas réservés et Etats, 2 vol. — Grâce, 2 vol. Penit, 1 vol. — Ordre et irrégul., 1 vol. Bénéfices, 1 vol. — Mariage, 1 vol. — Edition Desaint — Paris 1775 — Actes hum., 1 vol. — Péchés, 1 vol. — Etats, 3 vol., plus le traité du Jubilé et des Indulgences, par Collet. . . .	Collet.	»	Bruxelles	1743 et s	43	in-12	
112	444-448 c	CONFÉRENCES DE PARIS sur le Mariage.	»	Etienne	Paris	1756	5	in-12	
113	449-452 c	CONFÉRENCES DE PARIS sur l'Usure et la Restitution	»	Etienne	Paris	1766	4	in-12	
114	453 c	TRAITÉ DE L'USURE.	»	Bruysset-Ponthus	Lyon	1776	1	in-12	
115	454-455 c	TRAITÉ DES DISPENSES	C. D. T.	Mazières et Garnier	Paris	1742	2	in-12	
116	456-460 c	MORALE DE COLLET.	Collet.	Garnier	Paris	1759	5	in-12	
117	461-467 c	SUMMA D. THOMÆ Théologicæ. . .	St-Thomas.	Bailly	Lugduni	1663	7	in-18	
118	468-469 c	MEDULLA THEOLOGICA.	Abelly	Lambert	Parisiis	1663	2	in-18	
119	470 c	BREVIARIUM THEOLOGICUM . . .	Solmanus	Certe	Lugduni	1674	1	in-18	
120	471-476 c	RÉSOLUTION DES CAS DE CONSCIENCE.	Sainte-Beuve	Coutavoz	Lyon	1702	6	in 18	
121	477 c	INSTRUCTION sur les expéditions de Rome.	Jacques Lepelletier	Jacques Lepelletier	Paris	1679	1	in-12	
122	478 c	ORDONNANCES SYNODALES . . .	Godeau	Grégoire	Lyon	1666	1	in-18	
123	479 c	ORDONNANCES SYNODALES de Grenoble	»	Alex. Giroud	Grenoble	1691	1	in-18	
124	480 c	STATUTS SYNODAUX de l'archevêque de Vienne	de Montmorin	»	»	1702	1	in-12	
125	481 c	ORDONNANCES SYNODALES de Châlons.	»	J. Certe	Lyon	1700	1	in-18	
126	482 c	CONFÉRENCES ECCL. de La Rochelle. .	»	Vve Blanchet	La Rochelle	1676	1	in 18	
127	483 c	CONFÉRENCES DE CHALON. . . .	»	J. Certe	Lyon	1682	1	in-18	
128	484-485 c	CONFÉRENCES DE LANGRES . . .	»	Certe	Lyon	1684	2	in-18	
129	486 c	CONFÉRENCES DE SENS.	»	De la Garde	Lyon	1658	1	in-18	

4e SECTION.

—

Ouvrages de polémique sur le Jansénisme.

130	487 c	DICTIONNARII THEOLOGICI Epitome. .	»	Heuberger	Solodori	1738	1	in-12	
131	488 c	IDEA THEOLOGIÆ SPECULATIVÆ. .	Petrus Aste Joseph	Josse	Parisiis	1640	1	in-32	
132	489 c	SPECIMINA MORALIS Christianæ et Diabolicæ	»	Certe	Lugduni	1680	1	in-18	
133	490 c	EMANUELIS SA APHORISMI	Œgidius Grabrielis Em. Sa.	Comba	Lugduni	1669	1	in-18	
134	491 c	DE LA PROBABILITÉ.	»	Certe	Lyon	1676	1	in-18	
135	492 c	DE LA CONTRITION	par un abbé	Aubin	Lyon	1678	1	in-18	
136	493 c	CONSTITUTION, règle de la Foi. . .	»	Verdussen	Anvers	1717	1	in-12	
137	494 c	NOUVELLE DEFENSE de la Constitution.	Cl. Lepelletier	Deville	Lyon	1715	1	in-12	
138	495-496 c	Même ouvrage.	id.	Cabut	Rouen	1729	2	in-12	
139	497-498 c	INSTRUCTION PASTORALE. . . .	l'arch. de Cambrai	Douilliez	Cambrai	1714	2	in-12	

NUMÉRO des ouvrages.	NUMÉRO DES VOLUMES.	TITRE DES OUVRAGES.	AUTEUR.	ÉDITEUR.	VILLE.	DATE.	NOMBRE DES VOLUMES.	FORMAT.	OBSERVATIONS.
140	499 c	MANDEMENT de l'archevêque de Cambrai pour la réception de la Bulle Unigenitus.	l'arch. de Cambrai	Douilliez	Cambrai	1714	1	in-12	
141	500 c	LES TOCSINS CATHOLIQUES	»	Chastel	Avignon	1717	1	in-12	
142	501 c	TÉMOIGNAGE DE L'ÉGLISE en faveur de la Bulle Unigenitus	»	Simon T'Sertvens	Bruxelles	1718	1	in-12	
143	502 c	JUSTIFICATION de la Constitution . . .	»	Lions et Bruyset	Lyon	1715	1	in-12	
144	503 c	RECUEIL DE PIÈCES pour la Constitution Unigenitus	»	Chastel	Avignon	1718	1	in-12	
145	504 c	ANALYSE DES PROPOSITIONS du P Quesnel	Le P. Paul	Lions Bruyset	Lyon	1715	en 2	in-12	Le 1er manque.
146	505 c	OBJECTIONS et RÉPONSES sur la Bulle Unigenitus	»	»	»	»	1	in-12	
147	506 c	LE P. QUESNEL SÉDITIEUX ET HÉRÉTIQUE	»	Michiels	Bruxelles	1715	1	in-12	
148	507 c	PROTESTATION pour la Constitution Unigenitus	Le P. Gourdan	»	»	1719	1	in-12	
149	508 c	LES ENNEMIS DE LA CONSTITUTION Unigenitus	»	Barrier	Nancy	1719	1	in-12	
150	509 c	LES APPELANTS DE LA CONSTITUTION.	»	Vandevelde	Louvain	1720	1	in-12	
151	510 c	CARACTÈRE DE L'ERREUR dans les Défenseurs de Jansénius et Quesnel . .	»	Chastel	Avignon	1719	1	in-12	
152	511 c	REMARQUES de l'Évêque de Soissons sur l'instruction pastorale du Cardinal De Noailles	»	Multeau	Rheims	1719	1	in-12	
153	512 c	BIBLIOTHÈQUE JANSÉNISTE . . .	»	»	»	1722	1	in-12	
154	513-514 c	CATALOGUE des principaux livres Jansénistes	»	Simon T'Sertevens	Bruxelles	1740	2	in-12	
155	515-516 c	LETTRES SUR L'HÉRÉSIE IMAGINAIRE .	Damvillien	»	Liège	1792	2	in-12	
156	517-520 c	DICTIONNAIRE des livres Jansénistes. .	»	Verdussen	Anvers	1752	4	in-12	
157	521-523 c	DÉFENSE de la Traduction du N. Test. contre Malmbourg.	»	Nicolas Schoute	Cologne	1669	3	in-12	
158	524 c	CONTINUATION de la Nouvelle Défense contre le Dr Mallet	»	Schouten	Cologne	1680	1	in-4°	
159	525-526 c	NOUVELLE DÉFENSE du Nouveau Testament	»	Schouten	Cologne	1682	2	in-18	
160	527 c	HISTOIRE ABRÉGÉE du Jansénisme . .	»	Druckerus	Cologne	1698	1	in-12	
161	528 c	APOLOGIE DES PROVINCIALES . .	»	Van-Rhin	Rouen	1698	1	in-12	

5e SECTION.

Prédicateurs.

162	529 c	* OEUVRES DE FLÉCHIER	Fléchier	Ballard	Paris	1763	1	in-4°	1er volume seulement.
163	530-537 c	L'ANNÉE PASTORALE y compris la Morale Religieuse	Ant. Caignet	La Caille	Paris	1665	8	in-4°	
164	538 c	SERMONES DISCIPULI.	»	»	»	1	in-8°	
165	539-548 c	BIBLIOTHÈQUE des Prédicateurs Mystèr. — 3 vol. — Panégyriques 3 vol. — Sujets de Morale 1er, 4e, 5e et 7e . .	Le P. Houdry	Ant. Boudet	Lyon	1715	10	in-4°	Les autres manquent.
166	549 c	BIBLIOTHECA CONCIONATORUM . .	L. Baille	La Caille	Parisiis	1677	1	in-4°	
167	550 c	TRADITION de l'Église sur la Pénitence et la Communion	Arnaud	Foppens	Bruxelles	1714	1	in-8°	
168	551 c	FRÉQUENTE COMMUNION	Ant. Arnaud	Vitré	Paris	1644	1	in-4°	
169	552 c	OPUSCULA VARIA, idiomate italico .	Benedictus XIII	Rochus Bernabò	Rome	1726	1	in-4°	
170	553 c	MODÈLE DE LA VIE CHRÉTIENNE. . .	J. Decambolas	Béchet	Paris	1652	1	in-4°	
171	554-575 c	SERMONS. — Avent, 1 vol. — Carême, 3 vol. — Dom. 1 vol. — Mystères, 2e vol. — Exhort., 2 vol. — Retraite, 1 vol. — Lyon (diverses années). — Avent, 1 vol. — Carême, 3 vol. — Dom, 4 vol. — Mystères, 2 vol. — Panégy., 2 vol. Retr. 1 vol.	Bourdaloue	Rigaud	Paris	1716	22	in-12	
172	576-589 c	SERMONS des Carêmes de 1700, 4 vol. — 1715, les 5 premiers vol. — 1723, 6 vol. le 2e manque	Massillon	Et. Ganeau	Trévoux	1705	14	in-12	

* Voir case A n° 59. — Œuvres de Bossuet.

NUMÉRO des Ouvrages.	NUMÉRO DES VOLUMES.	TITRE DES OUVRAGES.	AUTEUR.	ÉDITEUR.	VILLE	DATE	NOMBRE DES VOLUMES	FORMAT.	OBSERVATIONS.
173	590 c	DICTIONNAIRE APOSTOLIQUE par le R. P.	P. C. D. V. P. D. L.	Certe	Lyon	1693	1	in-8°	
174	591 c	HOMÉLIES	Godeau	Muguet	Paris	1683	1	in-8°	
175	592-593 c	SERMONS	P. La Colombière	Anisson et Cie	Lyon	1687	en 3	in-8°	Le 1er volume manque.
176	594 c	RÉFLEXIONS CHRÉTIENNES	P. La Colombière	id.	id.	1692	1	in-12	
177	595-598 c	SERMONS	Gaspard Terrasson	Didot	Paris	1749	4	in-12	
178	599-601 c	SERMONS	André Terrasson	Babuty	Paris	1726	en 4	in-12	Le 3e volume manque.
179	602-604 c	SERMONS	De la Rue	Anisson et Cie	Lyon	1719	3	in-12	
180	605-608 c	SERMONS	de Latourdupin	Regnard	Paris	1764	4	in-12	
181	609-611 c	SERMONS	P. De la Roche	Moreau	Paris	1725	3	in-12	
182	612-613 c	MYSTÈRES	l'abbé du Jarry	Etienne	Paris	1709	2	in-12	
183	614-615 c	PANÉGYRIQUES	le P. De la Rue	Gissey	Paris	1740	en 3	in-12	Le 1er volume manque.
184	616-620 c	SERMONS	l'abbé Anselme	Gandin	Paris	1731	en 6	in-12	Le 4e volume manque.
185	621-624 c	SERMONS SUR LA MORALE CHRÉTIENNE	le P. P*** de l'Oratoire	Robustel	Paris	1693	4	in-12	Le 1er, 2e, 3e et 5e seulement. Les autres manquent.
186	625-632 c	SCIENCE DE LA CHAIRE	»	Guérin	Paris	1714	8	in-12	
187	633 c	L'ART DE PRÊCHER	Gilles du Port	Sercy	Paris	1684	1	in-12	
188	634 c	L'ÉLOQUENCE DE LA CHAIRE et du Barreau	l'abbé de Bretteville	Denys Thierry	Paris	1689	1	in-12	
189	635 c	MANIÈRE DE PRÊCHER selon l'Évangile	»	Couterot	Paris	1691	1	in-12	
190	636-643 c	LE MISSIONNAIRE PAROISSIAL	Gambart	de Laize de Bresche	Paris	1681	8	in-12	
191	644-651 c	PRONES pour les dimanches de l'année, 4 vol. — Différents sujets de Morale, 3 vol. — OEuvres mêlées, 1 vol.	Joly	Pepre	Paris	1712	8	in-12	
192	652-653 c	HOMÉLIES	Montmorel	Mariette	Paris	1719	2	in-12	
193	654-657 c	HOMÉLIES	de Saint-Lazare	Hortemels	Paris	1688	4	in-12	
194	658-659 c	SERMONS DE CARÊME	Lafitau	Duplain	Lyon	1747	en 4	in-12	Le 1er et le 4e seulement. Les autres manquent.
195	660-661 c	MORALE	Godeau	Boudet	Lyon	1710	2	in-12	
196	662 c	DISCOURS SUR LES ORDRES SACRÉS	Godeau	Certe	Lyon	1669	1	in-12	
196 (b.)	663 c	HOMELIÆ	Joan Eckius	vid. Mauricii a porta.	Parisiis	1553	1	in-12	Le 1er volume seulement.
197	664 c	SERMONS	Cheminais	Josse	Paris	1690	1	in-12	Le 2e vol. seulement.
198	665-666 c	SERMONS	Giroust	Pepié	Paris	1704	2	in-12	Le 2e et 3e vol. seulement.
199	667 c	SERMONS	Thibaud	David	Aix	1648	1	in-12	
200	668 c	HOMÉLIES	P. Camus	Osmond	Rouen	1647	1	in-12	
201	669-671 c	RECUEIL D'ORAISONS FUNÈBRES	»	J. Henri	Lille	1691	en 4	in-12	Le 2e volume manque.
202	672-674 c	SERMONS ET PANÉGYRIQUE	Fléchier	Anisson	Lyon	1713	3	in-12	
203	675-676 c	SERMONS	le P. De la Rue	»	»	»	2	in-12	Le 2e et 3e vol. seulement.
204	677-678 c	INSTRUCTIONS pour les dimanches et les fêtes	Lambert	Lottin	Paris	1723	2	in-12	
205	679 c	INSTRUCTIONS sur les Sacrements	Boquillot	Horthemels	Paris	1697	1	in-12	
206	680-681 c	SERMONS sur les Mystères	le P. Houdry	Boudot	Paris	1702	2	in-12	Le 3e et 4e seulement.
207	682 c	DISCOURS de piété	Le Chapelain	Humblot	Paris	1760	1	in-12	
208	683-684 c	SERMONS	Fossard	Boucher	Rouen	1786	2	in-12	Le 1er et 3e seulement.
209	685 c	DISCOURS FUNÈBRE sur le P. Lejeune	Rubin	Barbou	Limoges	1674	1	in-12	
210	686-687 c	CARÊME	Biroat	Faeton	Lyon	1677	2	in-12	
211	688-689 c	PANÉGYRIQUES	Biroat	La société des impri.	Lyon	1682	en 3	in-12	Le 2e manque.
212	690-693 c	SERMONS	du P. Lapesse	Declaustre	Lyon	1708	4	in-12	Les 2 premiers v. manquent.
213	694-695 c	INSTRUCTIONS contre le Schisme	Persin	Montgaillard	Avignon	1686	2	in-12	
214	696 c	EXPLICATION des Caractères de la Charité selon St-Paul	»	Wan-Der-Agen	Amsterdam	1731	1	in-12	
215	697 c	PÉDAGOGUE DES FAMILLES	Cerné	Besongne	Rouen	1710	1	in-12	
216	698 c	SYLVA LOCORUM Communium Concionatoribus	Ludov. Granatensis	Pesnot	Lugduni	1593	1	in-8°	
217	699 c	QUARANTE HOMÉLIES	St-Grégoire-le-G.	Baritel	Lyon	1692	1	in-8°	
218	700-701 c	SERMONS	St-Grégoire de Naziance	Praslard	Paris	1693	2	in-8°	
219	702-704 c	LES MORALES DE	St-Grégoire pape	Ch. Rey	Lyon	1692	en 4	in-8°	Le 1er manque.
220	705 c	ETHICA CHRISTIANA	D. Malgoires	Ph. Mancini	Rome	1672	1	in-8°	
221	706-711 c	MÉDITATIONS ECCLÉSIASTIQUES	Chevassu	Delaroche	Lyon	1751	6	in-12	

NUMÉRO des Ouvrages.	NUMÉRO DES VOLUMES.	TITRE DES OUVRAGES.	AUTEUR.	ÉDITEUR.	VILLE	DATE	NOMBRE DES VOLUMES.	FORMAT.	OBSERVATIONS.
		6ᵉ SECTION.							
		Catéchismes. Ouvrages de Religion. Auteurs ascétiques.							
	Case D.								
222	712 D	DOCTRINE CURIEUSE combattue par Garassus	Le p. Garassus	Chapellet	Paris	1623	1	in-4°	
222 bis	712 (bis) D	J. LIPSI DE CRUCE liber	J. Lipsius	»	»	»	1	in-4°	
223	713 D	PRÉMOTION PHYSIQUE		Babuty	Paris	1714	1	in-4	2 tomes.
224	714 D	SENTIMENTS de St-Augustin sur la Grâce.	Le p. Leporcq	Comba	Lyon	1700	1	in-4	
225	715 D	DOCTRINE CHRÉTIENNE. . . .		Turlot	Soly	Paris	1643	1	in-4°	
226	716 D	RECHERCHE DE LA VÉRITÉ . . .	»	Praslard	Paris	1678	1	in-4	
227	717 D	RELIGION CHRÉTIENNE	Houteville	Dupuis	Paris	1722	1	in-4°	
228	718 D	RÉPONSES AU TRAITÉ des Études Monastiques	l'abbé de Rancé	Muguet	Paris	1692	1	in-4°	
229	719 D	LE PARFAIT ECCLÉSIASTIQUE . .	Cl. Delacroix	Cellier	Lyon	1676	1	in-4°	
230	720 D	LES TROIS DEVOIRS d'un bon prêtre.	le p. de St-Amable	Libéral	Lyon	1673	1	in-4°	
231	721 D	INSTRUCTION DES PRÊTRES . . .	Tolet	Certe	Lyon	1676	1	in-4°	
232	722 D	MORALE CHRÉTIENNE	»	Desprez	Paris	1687	1	in-4°	
233	723 D	LE PÉDAGOGUE CHRÉTIEN . . .	Ph. d'Autreman	Labottière	Lyon	1658	1	in-4°	
234	724 D	OEUVRES SPIRITUELLES.	le p. Binet	Lallemant	Rouen	1627	1	in-4°	
235	725 D	MÉDITATIONS ECCLÉSIASTIQUES .	Beuvelet	Josse	Paris	1654	1	in-4°	
236	726-741 D	OEUVRES SPIRITUELLES.	Grenade	(divers)	Paris	de 1658 à 1687	14	in-8°	
237	742 D	CONFESSIONS DE SAINT-AUGUSTIN	St-Augustin	Cognard	Paris	1686	1	in-8°	
238	743 D	OPUSCULES DE SAINT-CHRYSOSTOME.	St-Chrysostóme	Praslard	Paris	1691	1	in-8°	
239	744 D	LETTRES DE SAINT-JÉRÔME . . .	St-Jérôme	Coutrot	Paris	1673	1	in-8°	
240	745 D	ENTRETIENS de l'abbé Jean et du prêtre Eusèbe	Du Suel	Janisson	Paris	1691	1	in-8°	
241	746 D	VÉRITÉ DE LA FOI	Abelly	Josse	Paris	1668	1	in-8°	
242	747 D	TRAITÉ de la Comédie et des Spectacles.	»	Pepie	Paris	1684	1	in-8°	
243	748 D	MANIPULUS CURATORUM . . .	Guidus de Monte Rocherii	»	»	1333	1	n-8°	Date manuscrite.
244	749 D	INSTRUCTION DES PRÊTRES . . .	Molina	Cognard	Paris	1676	1	in-8°	
245	750 D	CONCILIUM TRID		Guillemin	Lugduni	1685	1	in-12	
246	751-752 D	CONCILE DE TRENTE (traduit par l'abbé	Chanut	Laroche	Lyon	1685	2	in-12	
247	753 D	CONCILE DE TRENTE (traduit par l'abbé	Chanut	Cramoisy	Paris	1680	1	in-12	
248	754 D	NOTES SUR LE CONCILE DE TRENTE.	»	d'Egmont	Cologne	1706	1	in-12	
249	755 D	SOMMAIRE DU CONCILE DE TRENTE.	»	Anisson	Lyon	1689	1	in-12	
250	756-757 D	CATECHISMUS CONC. TRID . . .	»	Grégoire	Lugduni	1672	2	in-18	
251	358 D	CATÉCHISME du CONCILE DE TRENTE .	»	Praslard	Paris	1675	1	in-18	
252	759 D	CATÉCHISME DE BOURGES . . .	»	Toubeau	Bourges	1694	le 1ᵉʳ	in-12	seul.
253	760 D	ABRÉGÉ du CATÉCHISME DE BOURGES .	»	Mazières	Paris	1707	1	in-18	
254	761 D	CATÉCHISME	Fleury	Auboyen	Paris	1732	1	in-18	
255	762-765 D	CATÉCHISME DE MONTPELLIER . .	»	Plaignard	Lyon	1703	en 5	in-18	Le 3ᵉ manque.
256	766 D	PETIT CATÉCHISME	Le P. Pomey	Molin	Lyon	1675	1	in-18	
257	767 D	SYMBOLE DES APÔTRES par ordre de l'Évêque de Chartres.	»	Regnault	Blois	1696	1	in-18	
258	768-772 D	CATÉCHISME	César de Bus	Laurent	Lyon	1676	5	in-18	
259	773 D	INSTRUCTION sur les véritables sentiments de l'Égl. cathol.	»	Laroche	Lyon	1687	1	in-18	Opuscule.
260	774 D	LES PRINCIPAUX DEVOIRS du Chrétien.	»	Certe	Lyon	1682	1	in-18	
261	775 D	ECLAIRCISSEMENTS sur la Pénitence. .	De Choiseul	De Roche	Lille	1680	1	in-18	
262	776 D	DOCTRINE et PRATIQUE du Jubilé. .	André Renaud	Rey	Lyon	1701	1	in-18	
263	777 D	INSTRUCTION pour les Nouveaux Catholiques	l'évêque de Chalon-s-S	Dezallier	Paris	1586	1	in-18	
264	778 D	INTRODUCTION A LA VIE CHRÉTIENNE.	M. Ollier	Pepie	Paris	1698	1	in-18	
265	779 D	SENTIMENTS DU CHRÉTIEN. . . .	Doujas	Gasse	Paris	1670	1	in-18	
266	780 D	TRAITÉ de la Pénitence et de l'Eucharistie.	Rousset	Offroy	Avignon	1688	1	in-18	
267	781 D	LA THÉOLOGIE DU SAINT-ESPRIT . .	Du Four de Saintsralle	Pierre le Petit	Paris	1658	1	in-12	
268	782 D	STATUTS DES ORDRES MILIT. de Notre-Dame	»	Cellier	Lyon	1649	1	in-12	

3.

NUMÉRO des Ouvrages.	NUMÉRO DES VOLUMES.	TITRE DES OUVRAGES.	AUTEUR.	ÉDITEUR.	VILLE	DATE	NOMBRE DES VOLUMES.	FORMAT.	OBSERVATIONS.
269	783-784 D	SPECULUM MONASTICUM	Le R. P. Philippe	Martin	Lugduni	1687	2	in-12	
270	785-786 D	Même ouvrage	id.	id.	id.	id.	id.	id.	
271	786 (bis) 788 D	DE LA SAINTETÉ ET DES DEVOIRS de la vie Monastique.	»	Fois Muguet	Paris	1701	3	in-12	
272	789-790 D	TRAITÉ DES ÉTUDES MONASTIQUES .	Mabillon	Robustel	Paris	1692	2	in-12	
273	791-792 D	RÉFLEXIONS sur la réponse de M. l'abbé de la Trappe	Mabillon	Robustel	Paris	1693	2	in-12	
274	792 (bis) D	LETTRE DU P. ABBÉ DE LA TRAPPE.	Sacy	»	»	»	1	in-18	
275	793-794 D	LETTRES DE SACY	Sacy	Josset	Paris	1690	2	in-12	
276	795-796 D	DIALOGUES	Le P. Surin	Delorme	Avignon	1721	2	in-12	
277	797-798 D	LETTRES	id.	id.	d.	id.	2	in-12	
278	799 D	RETRAITE SPIRITUELLE.	Un P. Jésuite	Molin	Lyon	1707	1	in-12	
279	800 D	Même Ouvrage	id.	id.	id.	1715	1	in-12	
280	801-805 D	OEUVRES SPIRITUELLES	Le P. Levallois	Pepie	Paris	1712	5	in-12	
281	806 D	FONDEMENTS DE LA VIE SPIRITUELLE.	Le P. B. F.	Guérin	Paris	1720	1	in-18	
282	807 D	DIEU INCONNU.	Boudon	Comba	Lyon	1701	1	in-12	
283	808 D	MAXIMES DE SAINT-IGNACE . . .	St-Ignace	Cramoisy	Paris	1683	1	in-12	
284	809 D	LES SAINTS DEVOIRS des femmes sur le modèle de la Ste-Vierge.	Le P. Filère	Denoüally	Lyon	1657	1	in-18	
285	810 D	VÉRITABLE PIÉTÉ.	par un Directeur	Lepetit	Paris	1659	1	in-18	
286	811 D	MIROIR DE LA PIÉTÉ	Flore de Ste-Foy	Bonard	Liège	1677	1	in-18	
287	812 D	RÉFLEXIONS sur la Miséricorde de Dieu .	par une Dame	Dezaillier	Paris	1682	1	in-24	
288	813 D	ETAT DU PUR AMOUR	le P. Ping	Barbier	Lyon	1682	1	in-24	
289	814 D	IDÉE DE LA MORALE CHRÉTIENNE. .	»	Coutrot	Paris	1686	1	in-12	Le 1er volume manque.
290	815 D	DIFFÉRENCE du Temps et de l'Éternité .	le P. Nieremberg	Desmen	Lyon	1666	1	in-18	
291	816 D	LA BONNE MORT	le P. Recupito	Bailly	Lyon	1683	1	in-18	
292	817 D	SAINTS DÉSIRS DE LA MORT. . .	Le P. Lallemant	Cramoisy	Paris	1673	1	in-18	
293	818 D	L'AVANT-COUREUR DE L'ÉTERNITÉ .	Le P. Jérémie	Vétet	Lyon	1660	1	in-18	
294	819 D	DE ÆTERNA FELICITATE	Bellarmin	Chappelet	Parisiis	1616	1	in-18	
295	820 D	BOUQUET SACRÉ	Le P. Boucher	Laroche	Lyon	1679	1	in-12	
296	821 D	L'ART D'EMPLOYER LE TEMPS . .	»	Josset	Paris	1677	1	in-12	
297	822 D	PRIÈRES formées de l'Ancien et du Nouveau Testament	»	Hortemels	Paris	1691	1	in-12	
298	823 D	MÉMOIRES SUR PORT-ROYAL. . .	»	»	»	1716	1	in-12	
299	824 D	ANTIQUITÉ du Tiers-Ordre du Mont-Carmel	De St-Nicolas	Gaillet	Lyon	1666	1	in-18	
300	825 D	CONFRÉRIE DE LA TRINITÉ	Caignet	Valençol	Lyon	1666	1	in-18	
301	826 D	DEVOIRS ECCLÉSIASTIQUES (première partie)	Sevoy	Hérissant	Paris	1760	1	in-12	
302	827 D	CATHECHISMUS AD ORDINANDOS . .	»	Cognard	Parisiis	1717	1	in-12	
303	828 D	DISCOURS sur les Ordres sacrés . .	Godeau	Jombert	Paris	1686	1	in-12	
304	829 D	FORMA CLÉRI	Tronson	de Bresche	Parisiis	1669	1	in-12	
305	830 D	EXAMENS PARTICULIERS pour les Ecclésiastiques	Tronson	Moreau	Paris	1703	1	in-12	
306	831-832 D	Même ouvrage pour les Communautés . .	Tronson	Cognard	Paris	1713	2	in-12	
307	833 D	INSTRUCTION SUR LE MANUEL. .	Beuvelet	Martin	Lyon	1701	1	in-12	
308	834 D	CONDUITE DES CONFESSEURS d'après St-Charles-Borromé	»	Dehisseux	Paris	1715	1	in-12	
309	835 D	DIRECTEUR DES AMES	»	Josset	Paris	1696	1	in-12	
310	836 D	RECUEIL DE LETTRES à des Prêtres .	Chomel	»	Lyon	»	1	in-18	
311	837 D	DISCOURS DE St-CHARLES B. . . .	St-Charles-Borromée	Seneuse	Châlons	1663	1	in-18	
312	838 D	INSTRUCTIONS pour les Confesseurs du diocèse de Chalon	»	Certe	Lyon	1682	1	in-18	
313	839 D	INSTRUCTIONS pour les Confesseurs. .	Le P. Loarte	Guillemin	Lyon	1674	1	in-18	
314	840-841 D	DEVOIRS D'UN BON PRÊTRE	le P. de St-Amable	Libéral	Lyon	1685	2	in-18	
315	842 D	AVIS CHRÉTIENS	Cl. Joly.	Léonard	Paris	1675	1	in-18	
316	843 D	PRATIQUES DU SÉMINAIRE St-Irénée. .	»	Delaroche	Lyon	1740	1	in-12	
317	844 D	RÈGLEMENTS du Séminaire de Chalon .	»	Certe	Lyon	1682	1	in-18	
318	845 D	TRAITÉ DES SÉMINAIRES	Godeau	Roize	Aix	1660	1	in-18	
319	846 D	EXERCICES DES SÉMINAIRES	Beuvelet	Goy	Lyon	1663	1	in-18	

NUMÉRO des Ouvrages	NUMÉRO DES VOLUMES.	TITRE DES OUVRAGES.	AUTEUR.	ÉDITEUR.	VILLE.	DATE.	NOMBRE DES VOLUMES.	FORMAT.	OBSERVATIONS.
320	847 D	INSTRUCTION sur la manière d'étudier	Gobinet	Lecointe	Paris	1690	1	in-18	
321	848 D	INSTRUCTION sur la Pénitence et la Communion	Gobinet	Leclerc	Paris	1715	1	in-12	
322	849 D	INSTRUCTION de la Jeunesse	Gobinet	Coutelier	Paris	1704	1	in-12	
323	850 D	LA BELLE ÉDUCATION	Bordelon	Guillemin	Lyon	1694	1	in-12	
324	851 D	DE OFFICIO PRINCIPIS	Bellarmin	Cardon	Lugduni	1619	1	in-18	
325	852 D	CHOIX D'UN ÉTAT DE VIE.	De la Croix	Molin	Lyon	1667	1	in-24	
326	853 D	TRAITÉ DE LA CIVILITÉ	»	Certe	Lyon	1685	1	in-18	
327	854 D	ADORATION DE LA STE-TRINITÉ. . .	Le P. Duxio	Guillimin	Lyon	1679	1	in-24	
328	855 D	EPISTOLÆ ST-HIERONYMI	St-Jérôme	Molin	Lugduni	1677	1	in-12	
329	856 D	Même ouvrage.	id.	Beaujolin	Lugduni	1687	1	in-12	
330	857 D	CONFESSIONS DE ST-AUGUSTIN . . .	Dubois	de Nully	Paris	1712	1	in-12	
331	858 D	SOLILOQUES, Manuel et Méditations de St-Augustin.	D. L. C. C.	Vitalis	Lyon	1681	1	in-12	
332	859-861 D	LE JOURNAL DES SAINTS	Etienne Groset	Coral	Lyon	1689	3	in-18	
333	862 D	ESPRIT DE GERSON	Gerson	»	»	1692	1	in-18	
334	863 D	Même ouvrage.	Gerson	»	»	»	1	in-18	
335	864 D	RÉFLEXIONS CRITIQUES ET MORALES	Bordelon	Briasson	Lyon	1695	1	in-12	
336	865 D	HISTOIRE SAINTE avec les points controversés de la Religion	Gautruche	J.-B. Deville	Lyon	1667	1	in-18	
337	866 D	EPITRES, ÉVANGILES et ORAISONS de la Ste-Messe.	»	de Launay	Paris	1670	1	in-18	
338	867-880 D	EXPLICATION DE LA PASSION . . .	Duguet	Babuty	Paris	1733	14	in-12	
339	881-894 D	Même ouvrage.	»	Alix	Paris	1733	14	in-12	
340	895-896 D	EXPLICATION DE LA PASSION . . .	»	Haghen	Amsterdam	1734	2	in-12	
341	897-898 D	EXPLICATION de l'Ouverture du Côté et de la Sépulture de J.-C. . . .	»	Foppens	Bruxelles	1732	2	in-12	
342	899 D	DE LATERE CHRISTI APERTO. , . .	Bartholino	Batavorum	Lugduni	1646	1	in-12	
343	900-901 D	DÉVOTION au S. COEUR de N.-S. . .	Croiset	Bruisset	Lyon	1732	2	in-12	
344	902 D	DÉVOTION A LA SAINTE-VIERGE . .	B	Delaulne	Paris	1696	1	in-12	
345	903 D	Même ouvrage.	»	»	»	»	1	in-12	
346	904 D	PRÉPARATION A LA MORT.	Un Bénédictin	Vincent	Paris	1730	1	in-12	
347	905 D	SENTIMENTS DE PIÉTÉ	De Salignac	Babuty	Paris	1719	1	in-12	
348	906-907 D	PENSÉES ET RÉFLEXIONS sur les égarements des hommes	De Villiers	Plaignard	Lyon	1693	2	in-18	
349	908 D	MOYENS POUR ASSURER SON SALUT.	Un Barnabite	Cavelier	Paris	1719	1	in-12	
350	909 I	GÉMISSEMENTS d'un Cœur contrit. .	par le roi de Portugal	Frick	Bruxelles	1741	1	in-18	
351	910 D	PENSÉES des SS. PÈRES	Le P. Bouhours	Josse	Paris	1700	1	in-12	
352	911 D	CÉRÉMONIES NUPTIALES de toutes les Nations.	De Gaya	Etienne Michallet	Paris	1680	1	in-12	
352 bis	911 (bis)	DE FUNERIBUS EPITOMES	Franciscus Pomey	Ant. Molin	Lugduni	1659	1	in-18	
353	912-914 D	TRAITÉ DE L'AMOUR DE DIEU . .	St-François de Sales	Jacquenod	Lyon	1738	3	in-12	
354	915-926 D	L'ANNÉE CHRÉTIENNE	Le P. Croiset	Josset	Paris	1700	en 13	in-12	Le 11e manque.
355	927-928 D	RETRAITE SPIRITUELLE.	Le P. Croiset	Coutrot	Paris	1713	2	in-12	
356	929 D	RETRAITE SPIRITUELLE.	Avrillon	Lemercier	Paris	1724	1	in-12	
357	930 D	CONDUITE DE L'AVENT.	Avrillon	Lemercier	Paris	1727	1	in-12	
358	931 D	CONDUITE DU CARÊME.	id.	Cusson	Nancy	1725	1	in-12	
359	932 D	COMMENTAIRE SUR LE MISERERE . .	id.	Lemercier	Paris	1739	1	in-12	
360	933 D	L'ANNÉE AFFECTIVE.	id.	Pierres	Paris	1740	1	in-12	
361	934 D	CONSIDÉRATIONS , ...	Le P. Crasset	Michallet	Paris	1732	1	in-12	
362	935-936 D	MÉDITATIONS	Abelly	Goy	Lyon	1678	2	in-12	
363	937 D	MÉDITATIONS	le P. Hayneufve	Cramoisy	Paris	1685	1	in-12	Le 7e vol. seulement.
364	938 D	MÉDITATIONS	»	d'Egmont	Cologne	1683	1	in-18	
365	939 D	OEUVRES CHRÉTIENNES.	Arnaud d'Andilly	Lepetit	Paris	1685	1	in-12	
366	940 D	MANUEL DE MÉDITATION	le P. Buse	Bruyset	Lyon	1682	1	in-18	
367	941 D	TRAITÉ DE LA PRIÈRE PUBLIQUE. .	Duguet	Estienne	Paris	1707	1	in-18	
368	942 D	Même ouvrage.	Duguet	»	Amsterdam	1707	1	in-18	
369	943-944 D	SYMBOLE DE NICOLE.	Nicole	Osmond	Paris	1707	2	in-12	
370	945-946 D	SACREMENTS	Nicole	Ch. Osmond	Paris	1704	2	in-12	
371	947 D	ORAISON DOMINICALE	Nicole	Osmond	Paris	1706	1	in-12	

NUMÉRO des Ouvrages.	NUMÉRO DES VOLUMES.	TITRE DES OUVRAGES	AUTEUR.	ÉDITEUR.	VILLE.	DATE.	NOMBRE DES VOLUMES	FORMAT.	OBSERVATIONS.
372	948-949 D	DÉCALOGUE.	Nicole	Desprez	Paris	1741	2	in-12	
373	950-959 D	ESSAIS DE MORALE	Nicole	Migeot	Mons	1707	10	in-12	
374	960 D	L'ART DE SE CONNAITRE	Abbadie	Leers	Roterdam	1710	1	in-12	
375	961-963 D	LA CONNAISSANCE DE SOI-MÊME . .	Le P. Lamy	Praslard	Paris	1694	3	in-12	
376	964-965 D	CONSEILS DE LA SAGESSE	»	Cognard	Paris	1705	2	in-12	
377	966 D	MORALE DU SAGE	»	Barbln	Paris	1680	1	in-12	
378	967 D	CONDUITE DU SAGE	»	Guignard	Paris	1675	1	in-12	
379	968-970 D	LA RECHERCHE DE LA VÉRITÉ . . .	»	Barbier	Lyon	1781	3	in-12	
380	971-973 D	VÉRITÉ DE LA RELIGION.	»	Leers	Rotterdam	1728	3	in-12	
381	974-976 D	Même ouvrage.	Abbadie	Leers	Rotterdam	1711	3	in-12	
382	977 D	VÉRITÉ DE LA RELIGION.	le marquis de Pianesse	Cramoisy	Paris	1672	1	in-12	
383	978 D	TRAITÉ DE LA RELIGION contre les Athées	»	Rouland	Paris	1677	1	in-18	
384	979-983 D	TRAITÉ DE LA VÉRITABLE RELIGION .	»	Guérin	Paris	1737	5	in-12	
385	984-991 D	PREUVES DE LA RELIGION.	L. François	Etienne	Paris	1752	8	in-12	
386	992-993 D	ERREURS DE VOLTAIRE.	Nonnotte	Cie des libraires	Amsterdam	1766	2	in-12	
387	994-1006 D	LA RELIGION VENGÉE	par une société	Chambert	Paris	1762	en 18	in-12	Le 2e, 4e, 6e, 10 et 17e vol. manquent.
388	1007-1010 D	EXTRAITS DES ASSERTIONS dangereuses	»	Simon	Paris	1762	4	in-12	
389	1011-1018 D	ENTRETIENS.	Mme la comtesse...	»	»	1749	8	in-12	
390	1019-1020 D	PERPÉTUITÉ de la Foi contre le Sr Claude.	Arnaud	Saureux	Paris	1669	2	in-12	
391	1021 D	CONFÉRENCES avec Claude	Bossuet	Cramoisy	Paris	1682	1	in-12	
392	1022 D	TRAITÉ DE CONTROVERSE.	Maimbourg	»	»	»	1	in-12	
393	1023 D	DÉFENSE DE LA VÉRITÉ	Hugues Rey	Grégoire	Lyon	1648	1	in-12	
394	1024 D	INSTRUCTION sur la Prédestination et la Grâce.	»	Henri Strel	Liège	1711	1	in-18	
395	1025 D	LITTERÆ PROVINCIALES (trad. A. Wendreckio).	Pascal	Schouten	Coloniæ	1658	1	in-8°	
	1026 D								
396		APOLOGIE DES PROVINCIALES . . .	»	Adelet	Rouen	1708	1	in-18	
397	1027 D	RÉPONSES AUX PROVINCIALES . . .	»	Marteau	Cologne	1696	1	in-18	
398	1028 D	PENSÉES de Pascal.	Pascal	Desprez	Paris	1670	1	in-18	
399	1029 D	TRAITÉ DE L'OBÉISSANCE aux Puissances	Bruyes	Leroy	Paris	1710	1	in-12	
400	1030 D	LA FACE DE L'ÉGLISE PRIMITIVE . .	G. Martin	Boulanger	Paris	1650	1	in-12	
401	1031 D	L'UNITÉ DE L'ÉGLISE	»	Leprévost	Rouen	1713	1	in-12	
402	1032 D	LE HÉRAULT DE LA PAIX.	H. R.	Grégoire	Lyon	1670	1	in-18	
403	1033 D	RÉPONSE AUX PROTESTANTS. . . .	»	Seneuse	Paris	1688	1	in-18	
404	1034 D	LE CÉLIBAT VOLONTAIRE	Gabrielle Suchon	Guignard	Paris	1700	1	in-12	
405	1035 D	HISTORIA FLAGELLANTIUM	N. Boileau	Anisson	Parisiis	1700	1	in-12	
406	1036 D	CRITIQUE de l'Histoire des Flagellants . .	J.-B Thiers	Nully	Paris	1703	1	in-12	
407	1037 D	HISTOIRE DU FANATISME	Bruyes	Muguet	Paris	1692	1	in-18	
408	1038-1039 D	LE FANATISME RENOUVELÉ	le P. L'Ouvrel'œil	Chastaniel	Avignon	1704	2	in-18	
409	1040 D	RELATION SUR L'INQUISITION de Goa.	»	Viret	Lyon	1750	1	in-18	
410	1041 D	DÉCRETS d'Innocent XI pour la suppression d'un office de la S. V. . .	Innocent XI	»	Rome	1678	1	in-18	
411	1042 D	LETTRE DE FÉNÉLON à Bossuet sur l'Oraison passive	Fénélon	»	»	»	1	in-18	
412	1043 D	RECUEIL sur le Rituel d'Alets. . . .	»	»	»	»	1	in-18	
413	1044 D	LETTRE A L'ABBÉ HOUTEVILLE. .	Ismaël Ben Abraham	Thiboust	Paris	1722	1	in-8°	
414	1045 D	HISTOIRE DES CONTESTATIONS . . .	Mabillon	Delaulne	Paris	1708	1	in-18	
415	1046 D	DE HABITU CLERICORUM	Chamillart	Chamillart	Paris	1659	1	in-18	
416	1047 D	DROITS ET POUVOIRS DES ÉVÊQUES .	de Persin	»	»	»	1	in-8°	
417	1048 D	L'ORIGINE DES ÉGLISES DE FRANCE .	»	Michalet	Paris	1688	1	in-8°	
418	1049 D	VOYAGE LITURGIQUE DE FRANCE. .	De Moléon	Delaulne	Paris	1718	1	in-8°	
419	1050 D	DISSERTATION sur le chant grégorien. .	Nivers	»	Paris	1683	1	in-12	
420	1051 D	ORDONNANCES du diocèse de Lyon. .	»	Jullieron	Lyon	1687	1	in-8°	
421	1052 D	CANONICUS sæcularis et regularis . .	Denos	Couterot	Parisiis	1675	1	in-8°	
422	1053 D	PRATIQUE des Cérémonies de l'Église. .	Dumoulin	Clopéiou	Paris	1637	1	in-8°	
423	1054 D	EXPLICATION des Cérémonies de l'Église.	De Vert	Delaulne	Paris	1706	1	in-8°	
424	1055-1058 D	Même ouvrage.	id.	id.	id.	1720	4	in-8°	
425	1059 D	DISSERTATION sur les mots Messe et Communion.	De Vert	Delaulne	Paris	1694	1	in-12	

NUMÉRO des Ouvrages	NUMÉRO DES VOLUMES.	TITRE DES OUVRAGES	AUTEUR.	ÉDITEUR.	VILLE.	DATE.	NOMBRE DES VOLUMES	FORMAT.	OBSERVATIONS.
426	1060 D	EXPLICATION DES RUBRIQUES . . .	Bonal	Valfray	Lyon	1679		in-8°	
427	1061-1062 D	COMMENTAIRE SUR LE BRÉVIAIRE. .	Grancolas	Lottin	Paris	1727	2	in-12	
428	1063 D	CÆREMONIALE CANONICORUM . . .	»	Couterot	Parisiis	1675	1	in-18	
429	1064 D	RITUALE BIZANTINUM	de Grâmont	Rigoine	Bizuntii	1694	1	in-18	
430	1065 D	CÆREMONIALE EPISCOPORUM . . .	»	Henault	Parisiis	1669	1	in-12	
431	1066 D	DÉFENSE DE LA DISCIPLINE	»	Prussurot	Sens	1677	1	in-12	
432	1067-1068 D	Sti-AGOBARDI OPERA	Baluzius	»	Parisiis	1666	2	in-12	
433	1069-1075 D	BALUZII MISCELLANEA	Baluzius	Muguet	Parisiis	1678	7	in-8°	
434	1076 D	RECUEIL DES BULLES	»	Migeot	Mons	1704	1	in-8°	

2ᵉ CLASSE.

Droit canonique ecclésiastique et civil. Jurisprudence ecclésiastique et civile.

NUMÉRO des Ouvrages	NUMÉRO DES VOLUMES.	TITRE DES OUVRAGES	AUTEUR.	ÉDITEUR.	VILLE.	DATE.	NOMBRE DES VOLUMES	FORMAT.	OBSERVATIONS.
435	1077 D	NOTAIRES APOSTOLIQUES.	»	Rigaud	Lyon	1653	1	in-12	
436	1078-1079 D	DROITS HONORIFIQUES.	Maréchal	Cavelier	Paris	1740	2	in-12	
437	1080 D	FORMULAIRE à l'usage des notaires apostoliques	»	»	»	16ᵉ Sᵈˡᵉ	1	in-4°	Manuscrit.
438	1081-1082 D	CORPUS JURIS CANONICI	»	»	Coloniæ	1682	2	in-4°	
439	1083 D	INSTITUTIONES Juris canonici . . .	Paulus Lancelottus	Carolus Pesnot	Lyon	1577	1	in-4°	
440	1084-1085 D	HISTOIRE DU DROIT PUBLIC ecclésiastique français	M. D. B.	»	Londres	»	2	in-4°	
441	1086-1087 D	JURIDICTION ECCLÉSIASTIQUE contentieuse	un Dr de Sorbonne	Desprez	Paris	1769	2	in-4°	
442	1088 D	PRATIQUE DE LA JURIDICTION ECCLÉ.	Ducasse	Boude	Toulouse	1706	1	in-4°	
443	1089 D	Même ouvrage	id.	id.	id.	id.	id.	id.	
444	1090 D	TRAITÉ DES CURÉS PRIMITIFS . . .	J.-B. Furgole	Caranove	Toulouse	1736	1	in-4°	
445	1091-1093 D	TRAITÉ DOGMAT. et HIST. des Edits pour l'Eglise	Thomassin	imp. Royale	Paris	1703	3	in-4°	
446	1094 D	ANCIENNE ET NOUVELLE DISCIPLINE	Thomassin	Anisson	Paris	1702	1	in-4°	
447	1095 D	LA DISCIPLINE de l'Église tirée du Nouveau Testament	*	Certe	Lyon	1689	1	in-4°	
448	1096 D	LA VRAIE MANIÈRE de contribuer à la réunion de l'Eglise Anglicane à l'Église Catholique	Fçois Vivant	Simon	Paris	1728	1	in-4°	
449	1097 D	LES INSTITUTES DE JUSTINIEN . . .	de Boutaric	Henault	Toulouse	1754	1	in-4°	
450	1098 D	REMARQUES du droit français sur les Institutes de Justinien	Mᵉ H. M., avocat	Michel Robin	Paris.	1655	1	in-4°	
451	1099 D	MARTYROLOGE ROMAIN	le P. Moithier	Delaulne	Paris	1705	1	in-4°	
452	1100 D	MARTYROLOGIUM ROMANUM. . . .	Aug. Lubin	Dignat	Lutœtia	1679	1	in-4°	
453	1101-1102 D	CONFÉRENCES DES ORDONNANCES de Louis XIV	Bornier	»	Paris	1755	2	in-4°	
454	1103-1106 D Case E	COLLECTION DE DENISART	Denisart	Desaint	Paris	1771	4	in-4°	
455	1107-1110 E	JUS. ECCLESIASTICUM	Van-Espen	Vau-Espen	Lovani	1753	4	in-F°	
456	1111 E	CODEX CANONUM.	P. Pithœus	typ. Regia	Parisiis	1687	1	in-F°	
457	1112 E	LES LOIS ECCLÉS1IQUES de France.	L. de Héricourt	Mariette	Paris	1721	1	in-F°	
458	1113-1114 E	VETUS et NOVA ECCLESIÆ DISCIPLINA	Thomassin	Muguet	Parisiis	1688	en 3	in-F°	Le 1ᵉʳ vol. manque.
459	1115-1120 E	DICTIONNAIRE DES ARRÊTS	Brillon	Cavelier	Paris	1727	6	in-F°	
460	1121 E	RAPPORT des anciens Agents sur les Affaires du Clergé.	l'abbé de Cossé de Brissac	Simon	Paris	1736	1	in-F°	
461	1122 E	LES LOIS CIVILES	Daumat	Laroche	Paris	1745	1	in-F°	2 tomes en 1 vol.
462	1123 E	DE CONCORDIA Saderdolii et imperii. .	Petrus de Marca	F. Muguet	Paris	1663	1	in-F°	2 tomes en 1 vol
463	1124 E	PITHOEI OBSERVATIONES ad Codicem Juliniani	Pithœus	typ. Regia	Parisiis	1689	1	in-F°	
464	1125-1136 E	ORDONNANCES des Rois de France. . .	De Laurière	impr. Royale	Paris	1723	12	in-F°	Y compris la table.
465	1137 E	RECUEIL de Jurisprudence canon. et bénéf.	De la Combe	Mouchet	Paris	1748	1	in-F°	
466	1138-1139 E	RECUEIL D'ARRÊTS	Cl. Henry	Brunet	Paris	1708	2	in-F°	

4.

NUMÉRO des Ouvrages.	NUMÉRO DES VOLUMES.	TITRE DES OUVRAGES.	AUTEUR.	ÉDITEUR.	VILLE	DATE	NOMBRE DES VOLUMES	FORMAT.	OBSERVATIONS.
467	1140 E	TABLE CHRONOLOGIQUE des ordonnances des Rois depuis Hugues Capet jusqu'en 1400	»	Imp. Royale	Paris	1706	1	in-4°	
468	1141 E	STATUTS de l'Ordre du Saint-Esprit établis l'an 1578.	»	Imp. Royale	Paris	1703	1	in-4°	
469	1142 E	CODE DU ROI HENRI III.	»	Gabiano	Lyon	1694	1	in-4°	
470	1143 E	PUISSANCE ECCLÉSIASTIQUE et Temporelle	»	»	»	1707	1	in-8°	
471	1144 E	RECUEIL DE JURISPRUDENCE. . . .	Du Roussaud	De la Combe	Paris	1753	1	in-4°	
472	1145-1146 E	DICTIONNAIRE DE DROIT.	Deferrière	Saugrin	Paris	1749	2	in-4°	
473	1147 E	TRAITÉ HISTORIQUE et pratique des droits seigneuriaux	Renouldon	Cellot	Paris	1765	1	in-4°	
474	1148 E	DICTIONNAIRE DES FIEFS	Renouldon	Knapen	Paris	1765	1	in-4°	
475	1149-1153 E	PRATIQUE DES TERRIERS	de Fréminville	Morel	Paris	1766	5	in-4°	
476	1153 E (bis)	STYLE DU PARLEMENT	Réné Gastier	Guignard	Paris	1661	1	in-4°	
477	1154-1155 E	CODE MATRIMONIAL	M***, avocat	Hérissant	Paris	1770	2	in-4°	
478	1156 E	DES PRESCRIPTIONS	Dunod de Charnage	Briasson	Paris	1753	1	in-4°	
479	1157-1160 E	RÈGLEMENTS DES MANUFACTURES. .	»	Imp. Royale	Paris	1730	4	in-4°	
480	1161 E	DISCOURS DE MACHIAVEL.	Machiavel	Gobert	Paris	1647	1	in-4°	
481	1162 E	MÉMOIRES DE BEAUMARCHAIS . .	Beaumarchais	Michel Lambert	Paris	1774	1	in-4°	
482	1163 E	PLAIDOYER DE M. LE MAISTRE. . .	Jean Issaly	Lepetit	Paris	1660	1	in-4°	
483	1164 E	DICTIONNAIRE DES FIEFS	Laplace	Cellot	Paris	1757	1	in-4°	
484	1165 E	LOIS DES BATIMENTS	Desgodets	Bauche	Paris	1768	1	in-8°	
485	1166-1167 E	QUESTION SUR LE CONCORDAT entre Léon X et François Ier	Du Perray	Du Ménil	Paris	1743	2	in-12	
486	1168 E	TRAITÉ DES DISPENSES.	Du Perray	Du Ménil	Paris	1730	1	in-12	
487	1169-1169 E (b)	TRAITÉ de l'Indult du Parlement . .	Cochet de St-Vallier	Guignard	Paris	1703	2	in-12	
488	1170 E	NOUVEAU COMMENTAIRE sur l'Edit de 1695	M.***	Debuse	Paris	1757	1	in-12	
489	1171 E	RECUEIL des Edits, déclarations et arrêts.	»	»	Paris	1733	1	in-12	
490	1172 E	JUS CANONICUM per aphorismos explicatum	»	Arnoldus Corvinus	Amsterdam	1663	1	in-18	
491	1173-1174 E	MAXIMES du Droit canon de France. .	Dubois	Guignard	Paris	1680	2	in-12	
492	1175 E	HISTOIRE DU DROIT CANONIQUE . .	Doujat	Michallet	Paris	1677	1	in-12	
493	1176 E	INSTITUTION du Droit ecclésiastique de France	Ch. Bonel revue par Manec	Clouzier	Paris	1677	1	in-12	
494	1177-1178 E	INSTITUTION AU DROIT ECCLÉSIASTIQUE	Fleury	Auboin	Paris	1688	2	in-18	
495	1179-1180 E	INSTITUTIONES JURISCANONICI . .	Paulus Lancelottus	Carolus Pesnot	Lyon	1577	1	in-4°	
496	1181 E	DROITS DES ÉVÊQUES sur les réguliers exempts.	»	Jombert	Paris	1715	1	in-12	
497	1182 E	TRAITÉ des Droits et Obligations des Chapitres	Du Casse	J.-J. Route	Toulouse	1706	1	in-12	
498	1183 E	Même ouvrage.	id.	id.	id.	id.	1	in-12	
499	1184 E	TRAITÉ DES BÉNÉFICES.	Paolo Sarpi	Weisten	Amsterdam	1687	1	in-12	
500	1185 E	Même ouvrage.	id.	id.	id.	id.	1	in-12	
501	1186-1187 E	HISTOIRE du Droit public ecclésiastique français	Mr D. B.	Harding	Londres	1750	2	in-12	
502	1188-1189 E	CONFÉRENCE de l'Edit. de la Juridiction ecclésiastique	J.-P. Gibert	Hérissant	Paris	1757	2	in-12	
503	1190-1193 E	TRAITÉ DES MOYENS CANONIQUES pour acquérir des Bénéfices	Michel Duperray	Dumesnil	Paris	1726	4	in-12	
504	1194-1196 E	TRAITÉ DES COMMANDES ou Provisions des Bénéfices	Pialles	Briasson	Paris	1753	3	in-12	
505	1197-1199 E	TRAITÉ DU DÉVOLU.	Pialles	Briasson	Paris	1757	3	in-12	
506	1200-1207 E	TRAITÉ DES COLLATIONS	Pialles	Briasson	Paris	1754	8	in-12	
507	1208 E	TRAITÉ DES DROITS HONORIFIQUES des Patrons.	Michel Duperray	Damien Beugnie	Paris	1720	1	in-12	
508	1209-1210 E	TRAITÉ DES PORTIONS CONGRUES.	id.	Beugnié	Paris	1720	2	in-12	
509	1211-1212 E	COMMENTAIRE sur l'Edit de 1768 . .	Camus	Desaint	Paris	1776	2	in-12	
510	1213-1215 E	CODE DES CURÉS sur les Dismes, etc.	»	Prault	Paris	1753	3	in-12	
511	1216 E	PRINCIPES SUR LES DROITS des Gradués.	Joug	Knapen	Paris	1760	1	in-12	
512	1217-1222 E	TRAITÉ DES GRADUÉS.	Pialles	Desaint	Paris	1757	6	in-12	

NUMÉRO des Ouvrages.	NUMÉRO DES VOLUMES.	TITRE DES OUVRAGES.	AUTEUR.	ÉDITEUR.	VILLE.	DATE.	NOMBRE DES VOLUMES	FORMAT.	OBSERVATIONS.
513	1223 E	TRAITÉ DES PROVISIONS de cour de Rome.	Pialles	Briasson	Paris	1756	en 2	in-12	Le 1er vol. manque.
514	1224 E	RECUEIL DES BÉNÉFICES de France . .	Lepelletier	J. Lepelletier	Paris	1690	1	in-12	
515	1225 E	L'AVOCAT DES PAUVRES	J.-B. Thiers	J. Dupuy	Paris	1676	1	in-12	
516	1226 E	PRINCIPES ET USAGES concernant les Dismes	Le P. De Jouy	Durand	Paris	1756	1	in-12	
517	1227 E	ENTRETIENS SUR LES DIXMES. . . .	Michel Duperray	Beugnié	Paris	1693	1	in-18	
518	1228 E	TRAITÉ HISTORIQUE DES DIXMES. .	M. Duperray	Beugnié	Paris	1720	1	in-12	
519	1229 E	ABRÉGÉ DES MATIÈRES BÉNÉFICIALES.	Husson Charlotteau	Langlois	Paris	1664	1	in-18	
520	1230 E	Même ouvrage.	id.	id.	id.	id.	1	in-18	
521	1231-1235 E	COMPILATION du Droit Romain, du Droit Français et du Droit Canon.	Charles Boyon	Mathieu Martin	Lyon	1688	5	in-18	
522	1236-1240 E	ORIGINE DES LOIS.	»	Desaint	Paris	1739	en 6	in-12	Le 2e manque.
523	1241-1243 ter E	NOUVELLE TRADUCTION des Instituts de Justinien.	Deferrière	Saugrin	Paris	1634	5	in-12	
524	1244-1245 E	INSTITUTION AU DROIT FRANÇAIS. .	Argou	de Mully	Paris	1753	2	in-12	
525	1246-1248 E	ESPRIT DES LOIS.	Montesquieu	Barillot	Genève	1750	3	in-12	
526	1249 E	TRAITÉ DE JURISPRUDENCE	Fréminville	Valeyre	Paris	1763	1	in-12	
527	1250-1251 E	LES INSTITUTES DE JUSTINIEN. . .	Du Teil	Demen	Lyon	1681	2	in-18	
528	1252 E	ORDONNANCE DE LOUIS XIV de 1667	Louis XIV	Les associés	Paris	1667	1	in-18	
529	1253 E	ORIGINE DU DROIT D'AMORTISSEMENT	Eusèbe de L***	Jér. Bobin	Paris	1692	1	in-12	
530	1254 E	DROITS SEIGNEURIAUX.	Delaplace	Saugrin	Paris	1749	1	in-12	
531	1255 E	MAXIMES pour les Droits domaniaux. .	»	Prault	Paris	1749	1	in-12	
532	1256 E	AMORTISSEMENT	Du Jarry	Lefebvre	Paris	1717	1	in-12	
533	1257 E	PROCÈS-VERBAL DE L'ASSEMBLÉE. .	»	Fréd. Léonand	Paris	1681	1	in-12	
534	1258-1339 E	RÉPERTOIRE UNIVERSEL de Jurisprudence	»	Dorey	Paris	1775	64	in-8°	Il manque le 38e. les 16 premiers vol. sont reliés Les autres sont brochés.
		avec le SUPPLÉMENT du même ouvrage	id.	id.	id.	id.	17	in-8°	

3e CLASSE.

Sciences. — Dictionnaires et autres ouvrages.

Case F

535	1340-1374 F	ENCYCLOPÉDIE ou Dictionnaire des sciences, etc	Une société de gens de lettres	Briasson	Paris	1751	35	in-F°	Y compris les suppléments et les planches, ainsi que les tables.
536	1375-1376 F	DICTIONNAIRE DE L'ACADÉMIE . . .	»	J.-B. Coignard	Paris	1740	2	in-F°	
537	1377-1378 F	DICTIONNAIRE DES ARTS ET SCIENCES.	M. D. C.	J.-B. Coignard	Paris	1694	2	in-F°	
538	1379-1381 F	DICTIONNAIRE UNIVERSEL français-latin.	»	Etienne Ganeau	Trévoux	1704	3	in-F°	
539	1382-1386 F	DICTIONNAIRE UNIVERSEL français-latin.	»	Pierre Antoine	Nancy	1734	5	in-F°	
540	1387-1391 F	DICTIONNAIRE HISTORIQUE ET CRITIQUE.	»	Bayle	Amsterdam	1734	5	in-F°	
541	1392-1395 F	OEUVRES DIVERSES DE BAYLE . . .	De Bayle	Cie des libraires	La Haye	1737	4	in-F°	
542	1396 F	LA SCIENCE UNIVERSELLE.	Magnon	Sébast. Martin	Paris	1663	1	in-F°	
543	1397 F	Même ouvrage.	id.	id.	id.	id.	1	in-F°	
544	1398 F	DESCRIPTION DES PLANTES de l'Amérique.	P. Ch. Plumier	Impr. Royale	Paris	1693	1	in-F°	
545	1399 F	TRAITÉ DES FOUGÈRES de l'Amérique.	P. Ch. Plumier	id.	id.	1705	1	in-F°	
546	1400 F	VETERES MATHEMATICI.	»	Impr. Royale	Paris	1693	1	in-F°	
547	1401-1430 F	HISTOIRE NATURELLE.	Buffon	id.	Paris	1749	30	in-4°	Le 1er vol. sur les oiseaux manque.
548	1431-1435 F	MÉMOIRES pour servir à l'Histoire des Insectes	De Réaumur	id.	id.	1736	5	in-4°	Le 1er manque.
549	1436 F	HISTOIRE NATURELLE des Quadrupèdes et des Serpents	De la Cépède	»	Paris	1788	l.l.v.s	in-4°	
550	1437-1441 F	HISTOIRE NATURELLE des Minéraux. .	Buffon	Impr. Royale	Paris	1783	5	in-4°	
551	1442-1445 F	DICTIONNAIRE de l'Histoire Naturelle. .	Valmont de Bomare	Lacombe	Paris	1758	4	in-4°	
552	1446 F	L'ART DE NAVIGUER.	Duhamel	Etienne Michallet	Paris	1677	1	in-4°	
553	1447 F	TABULÆ ASTRONOMICÆ.	La Hire	J. Boudot	Parisiis	1702	1	in-4°	
554	1448 F	MÉMOIRES DE MATHÉMATIQUES ET DE PHYSIQUE.	l'Acad. Royale	Impr. Royale	Paris	1692	1	in-4°	
555	1449 F	OBSERVATIONS physiques et mathémat.	p. l. P. Jésuites rés. a. Indes	Impr. Royale	Paris	1692	1	in-4°	
556	1450 F	OPUS ASTRONOMICUM	Jacob de Billy	P. Palliot	Divione	1661	1	in-4°	

NUMÉRO des Ouvrages.	NUMÉRO DES VOLUMES.	TITRE DES OUVRAGES.	AUTEUR.	ÉDITEUR.	VILLE	DATE	NOMBRE DES VOLUMES.	FORMAT.	OBSERVATIONS.
557	1451-1452 F	VILLIS OPERA	Villis	J. T. Huguetan	Lugduni	1676	2	in-4°	
558	1453 F	LA PHARMACOPÉE	Bauderon	J. T. Huguetan	Lyon	1662	1	in-4°	
559	1454 F	INSTITUTIONES-MEDICINÆ. . . .	Joannes Sebyronius	Petrus Chouet	Genevæ	1623	1	in-24	
560	1455 F	LES APHORISMES D'HIPPOCRATE . .	Dufour	Laurent d'Houry	Paris	1699	1	in-12	
561	1456 F	HIPPOCRATES DE INUSTIONIBUS. . .	R. R.	Spt. Vitalis	Lugduni	1681	1	in-16	
562	1457 F	MEDICINÆ PRACTICÆ COMPENDIUM .	And. Schmitzius	Jean d'Houry	Lutetiæ	1666	1	in-18	
563	1458 F	TRAITÉ DES MALADIES les plus fréquentes	Helvetius	P. Le Mercier	Paris	1707	1	in-12	
564	1459-1460 F	PRATIQUE DES MALADIES aiguës . .	Thauvry	Laurent d'Houry	Paris	1713	2	in-12	
565	1461 F	TRACTATUS DE FIBRA MOTRICE . .	Georg. Baglivus	Jean Posuel	Lugduni	1703	1	in-12	
566	1462 F	DE FERMENTATIONE et febribus . . .	Th. Villis	Adr. Vlag	Hagæ-Comitis	1662	1	in-12	
567	1463-1464 F	PRATIQUE GÉNÉRALE de médecine . .	Michel et Muller	Th. Amaulry	Lyon	1691	2	in-8°	
568	1465 F	PRATIQUE SPÉCIALE de médecine. .	Michel et Muller	Th. Amaulry	Lyon	1691	1	in-8°	
569	1466 F	LE MÉDECIN DES PAUVRES	Dube	Laurent Bachelu	Lyon	1696	1	in-18	
570	1467 F	LE CAPUCIN CHARITABLE	Maurice de Tolon	Bruysset	Lyon	1721	1	in-12	
571	1468 F	RECUEIL DES REMÈDES (suite du) . .	Me Fouquet	J. Benayre	Dijon	1689	1	in-18	
572	1469-1470 F	RIVERII PRAXIS MECICÆ	Riverius	J. Ant. Hoguetan	Lugduni	1660	2	in-12	
573	1471 F	RIVERIUS REFORMATUS	Riverius	Joan. Certe	Lugduni	1690	1	in-12	
574	1472 F	LE REMÈDE ANGLAIS pour guérir les fièvres	Nicolas de Blegny	l'auteur	Paris	1682	1	in-18	
575	1473 F	TRACTATUS DES ARTHRITIDE . . .	Théoph. Bonetas	de Mayerne	Genevæ	1674	1	in-18	
576	1474 F	OBSERVATIONS SUR LES FIÈVRES . .	Spon	Th. Amaulry	Lyon	1684	1	in-18	
577	1475 F	DE LA GUÉRISON DES FIÈVRES par le Quinquina	»	Ant. Briasson	Lyon	1681	1	in-18	
578	1476 F	PRAXIS MEDICA	Théod. de Mayerne	»	Genevæ	1692	1	in-18	
579	1477 F	NOUVEAU TRAITÉ DES RHUMATISMES	Dumoulin	Laurent d'Houry	Paris	1703	1	in-12	
580	1478 F	L'USAGE DE LA GLACE.	Bana, doct.-méd.	Ant. Cellier	Lyon	1675	1	in-18	
581	1479-1480 F	RECUEIL DES MÉTHODES APPROUVÉES.	Helvetius	»	Trévoux	1717	2	in-18	Manuscrit.
582	1481 F	FORMULÆ REMEDIORUM	Barberac	»	»	»	1	in-18	
583	1482 F	ANATOMIÆ	Thom. Bartolini	Adr. Vlace	Hagæ-Comitis	1765	1	in-8°	
584	1483 F	ENCHIRIDIUM PRACTICUM.	»	Ph. Cermonetus	Genevæ	1759	1	in-12	
585	1484 F	ANATOMIE DE L'HOMME	Dionis	Laurent d'Houry	Paris	1694	1	in-12	
586	1485 F	FUNDAMENTA MEDICINÆ	F. Zipeus	»	Lugduni	1692	1	in-12	
587	1486 F	OEUVRES CHIRURGICALES	Jérôm. Fabrice d'Aqua-pendente.	Ant. Huguetan	Lyon	1658	1	in-8°	
588	1487 F	EXERCITATIONES DE STRUCTURA viscerum	Marcellus Malpigius	Aug. Boetius	Francofurti	1683	1	in-18	Opusculum.
589	1488 F	TRAITÉ DE LA CIRCULATION des Esprits animaux.	l'unreligieux de S-Maur	Louis Billaine	Paris	1682	1	in-18	
590	1489 F	RECHERCHES de l'Origine et du Mouvement du sang	Jac Chaillou	Jean Couterot	Paris	1677	1	in-18	
591	1490 F	HIPPOCRATES DE NATURA LACTIS . .	Raymond Restaurant	Spiritus Vitalis	Lugduni	1682	1	in-18	
592	1491 F	QUESTIONS NOUVELLES sur la sanguification, etc.	de Betbeder	J. d'Houry	Paris	1666	1	in-18	
593	1492-1495 F	LES NOUVELLES DÉCOUVERTES, etc. .	Louis Barles	Esp. Vitalis	Lyon	1673	4	in-18	
594	1496 F	NOUVELLES FORMULES de Médecine .	Pierre Garnier	J.-B. Guillemin	Lyon	1399	1	in-12	
595	1497 F	DISSERTATION sur l'Antimoine . . .	Lamy	»	Paris	1682	1	in-12	
596	1498 F	LE BON USAGE DU THÉ	de Blégny	Th. Amaulry	Lyon	1687	1	in-18	
597	1499 F	TRAITÉ de la Thériaque et Mithridate .	Nicolas Hovel	J. de Bordeaux	Paris	1573	1	in-12	
598	1500 F	RÉFLEXIONS NOUVELLES sur l'acide et l'alcali	Berthrand	Th. Amaulry	Lyon	1683	1	in-18	
599	1501 F	ABRÉGÉ DE L'HISTOIRE des plantes usuelles	J. B. Chomet	Ch. Osmont	Paris	1712	1	in-12	
600	1502 F	NOUVELLE EXPLICATION de la Gangrène.	Anicet Cantape	J. Boude	Toulouse	1681	1	in-12	
601	1503 F	LA MANIÈRE D'AMOLLIR LES OS . .	Papin	Etienne Michallet	Paris	1682	1	in-12	
602	1504 F	LE CHIRURGIEN DE L'HOPITAL . . .	Belloste	Laurent d'Houry	Paris	1714	1	in-12	
603	1505 F	INSTRUMENTA CURATIONIS MORBORUM	H. T. P. R. M.	Daniel Pech	Montispessuli	»	1	in-12	
604	1506 F	TRAITÉ DE LA CHIMIE.	Chrysiophe Glaser.	chez l'auteur	Paris	1663	1	in-12	
605	1507 F	DE L'AME DES BÊTES	A. D.	Anisson	Lyon	1676	1	in-18	
606	1508 F	LA PHILOSOPHIE DES GENS DE COUR.	l'abbé de Gérard	Etienne Lopon	Paris	1680	1	in-12	
607	1509 F	SYSTÈME DU COEUR	de C.	Michel Brunet	Paris	1708	1	in-12	

NUMÉRO des Ouvrages.	NUMÉRO DES VOLUMES.	TITRE DES OUVRAGES	AUTEUR.	ÉDITEUR.	VILLE.	DATE.	NOMBRE DES VOLUMES	FORMAT.	OBSERVATIONS.
608	1510 F	LE CABINET DES PRINCES.	»	J. Petit	Bruxelles	1676	1	in-18	
609	1511 F	DISCOURS sur les Pensées de Pascal . .	»	Guill. Desprez	Paris	1672	1	in-18	
610	1512-14 F	LES CARACTÈRES DE THEOPHRASTE .	La Bruyère	Fr. Foppens	Bruxelles	1710	3	in-18	
611	1515 F	LES DIFFÉRENTS CARACTÈRES DES FEMMES.	»	Jacq. Lyons	Lyon	1695	1	in-18	
612	1516-1517 F	LE SAGE RÉSOLU.	De Grenailles	J.-B. de Ville	Lyon	1673	2	in-18	
613	1518-1520 F	LETTRES SAVANTES sur la Grandeur de Dieu	Demaizières	Fçois Comba	Lyon	1680	3	in-18	
614	1521 F	TRAITE DU MÉRITE.	L'abbé de Vassetz	Guil. Vandive	Paris	1703	1	in-12	
615	1522-1522 F(b)	PROJET POUR RENDRE LA PAIX PER-PÉTUELLE.	»	Ant. Schouten	Autrecht	1713	2	in-12	
616	1523-1527 F	RECUEIL GÉNÉRAL de Questions traitées en Conférences	»	J.-B. Loyson	Paris	1660	5	in-18	
617	1528 F	DE LA NATURE DES DIEUX. . . .	Cicéron (traduit par Du-Ryer)	Ant. Malin	Lyon	1670	1	in-18	
618	1529-1531 F	RÉFLEXIONS sur ce qui peut plaire. .	l'abbé de Bellegarde	Arnoud Seneuze	Paris	1690	3	in-12	
619	1532 F	RÉFLEXIONS sur le Ridicule. . . .	id.	imp. du prince des Dombes	Trévoux	1697	1	in-18	
620	1533 F	NOUVEAUX INTÉRÊTS DES PRINCES .	»	Pierre Marteau	Cologne	1689	1	in-18	
621	1534 F	INSTRUCTIONS politiques.	»	J.-B. Langlois	Paris	1695	1	in-18	
622	1535 F	LES ENTRETIENS d'ARISTE et d'EU-GÉNIE	»	Cramoisy	Paris	1678	1	in-18	
623	1536 F	TRAITÉ DE L'AMITIÉ.	De Sacy	J. Moreau	Paris	1703	1	in-12	
624	1537 F	MÉMOIRES DE HOLLANDE.	»	Etienne Michallet	Paris	1678	1	in-18	
625	1538 F	LETTRES DE FLÉCHIER.	Fléchier	J.-B. Girin	Lyon	1711	1	in-12	
626	1539-1541 F	LE SPECTATEUR ou le Socrate moderne .	Richard Stéele	David Mortier	Amsterdam	1718	3	in-18	Le 3e, 4e et 5e v. seulement.
627	1542 F	LA BIBLIOTHÈQUE DES DAMES. . .	par une Dame	J.-M. Duvillard	Amsterdam	1724	1	in-12	tome 1er seulement.
628	1543-1552 G	DICTIONNAIRE	Moréri	Jacques Vincent	Paris	1732	10	in-Fo	
629	1553-1556 G	DICTIONNAIRE	Moréri	F. Halma	Autrecht	1682	4	in-Fo	
630	1557-1559 G	DICTIONNAIRE universel. géographique et historique	Thomas Corneille	J. B. Coignard	Paris	1708	3	in-Fo	
631	1560 G	JOSEPHI LAURENTII A MATHEA Onamar-tica	Laurentius	Laurentius Anisson	Lugduni	1664	1	in-Fo	
632	1561 G	DIVERS OUVRAGES de Mathématiques et physiques	Académie Royale	impr. Royale	Paris	1693	1	in-Fo	
633	1562 G	RECUEIL D'OBSERVATIONS sur l'astro-nomie	Académie	imp. Royale	Paris	1693	1	in-Fo	
634	1563 G	L'ART DE TOURNER	Plumier	Jean Certe	Lyon	1671	1	in-Fo	
635	1564 G	OEUVRES MORALES ET MÊLÉES. . .	Plutarque	Jacob Stœr	»	1614	1	in-Fo	
636	1565 G	MAXIMES pour le roi de Bulgarie. . .	le p. D. Bernard	imp. Royale	Paris	1718	1	in-4o	
637	1566 G	ADAGIORUM OPUS DES. ERASMI. . .	Sébast. Gryphius	»	Lugduni	1541	1	in-Fo	
638	1567 G	LE BOMBARDIER FRANÇAIS. . . .	Belidor	imp Royale	Paris	1731	1	in-Fo	
639	1568-1569 G	LE PARFAIT JARDINIER.	De la Quintinye	Claude Barbin	Paris	1695	2	in-Fo	
640	1570-1572 G	MUSÉE INDUSTRIEL	Moléon	»	Paris	1836	3	in-8o	
641	1573-1602 G	VOCABULAIRE FRANÇAIS	Société de g. de lettres	Panckoucke	Paris	1767	30	in-4o	
641(b.)	1602b.1602ta.	DICTIONNAIRE DE L'ACADÉMIE FRAN-ÇAISE	Académie	Firmin Didot	Paris	1835	2	in-4o	
642	1603-1604 G	CICERONIS OPERA OMNIA	Cicero	P. J. Chouet	Coloniæ	1632	2	in-4o	
643	1605 G	DICTIONNAIRE ITALIEN-FRANÇAIS. .	Véronimi	Ant. Boudet	Lyon	1703	1	in-4o	
644	1606 G	TRAITÉ DE LA ¡LIBERTÉ, etc. . . .	Aristophile	Robert Pépi	Lyon	1694	1	in-4o	
645	1607 G	L'ART DE DISCOURIR des Passions. .	L. Delesclache	»	Paris	1660	1	in-4o	
646	1608 G	CARACTÈRE DES PASSIONS . . .	De la Chambre	»	Paris	1640	1	in-4o	
647	1609 G	GREGORII MAJANSII epistolorum libri sex	Majansius	Bordazar	Valentiæ	1732	1	in-4o	
648	1610 G	L'OLIVASTRO	Gio Bast. Andréini	»	Bologna	1642	1	in-4o	
649	1611 G	MUSIQUE pour violon.	De Caix d'Hervelois	l'auteur	Paris	»	1	in-4o	
650	1612-1614 G	ADMINISTRATION DES FINANCES. . .	Necker	»	»	1784	3	in-8o	
651	1615 G	COMPTE-RENDU au Roi	Necker	»	Paris	1781	1	in-8o	
652	1616 G	DISCOURS DE LA MÉTHODE pour conduire la Raison plus la dioptrique, ses météores et la géométrie.	»	Jean Maire	Leyde	1637	1	in-4o	
653	1617 G	L'USAGE DU COMPAS DE PROPORTION	Deshoyes	chez l'auteur	Paris	1681	1	in-4o	
654	1618 G	L'USAGE DU MÉCOMÈTRE.	D. Henrion	Isaac Dedin	Paris	1630	1	in-12	
655	1619 G	ÉLÉMENTS DE GÉOMÉTRIE. . . .	Ignace Pardière	Sébast. Cramoisy	Paris	1671	1	in-12	

5.

NUMÉRO des Ouvrages.	NUMÉRO DES VOLUMES.	TITRE DES OUVRAGES.	AUTEUR.	ÉDITEUR.	VILLE	DATE	NOMBRE DES VOLUMES	FORMAT.	OBSERVATIONS.
656	1620 G	TRAITÉ du Mouvement des eaux. . . .	Mariette	J. Jombert	Paris	1700	1	in-12	
657	1621 G	TRAITÉ DU NIVELLEMENT.	Picard	Etienne Michalet	Paris	1684	1	in-12	
658	1622 G	TABULÆ sinuum tangentium etc. . .	»	J. Tioly	Lugduni	1670	1	in-12	
659	1623 G	TABLES des SINUS et tangentes. . . .	Ozanom	chez l'auteur	Paris	1685	1	in-12	
660	1624 G	L'USAGE DES ASTROLABES	Bion	Laurent d'Houry	Paris	1602	1	in-12	
661	1625 G	ABRÉGÉ de la philosophie de Gassendi. .	Bernier	Anisson	Lyon	1678	1	in-12	Le 4e vol. seulement.
662	1626 G	LA GÉOMÉTRIE UNIVERSELLE . . .	De la Fontaine	Etienne Loyson	Paris	1666	1	in-12	
663	1627 G	LA MÉCANIQUE DU FEU	M. G***	Jary Etienne	Paris	1713	1	in 12	
664	1628 G	RECUEIL DES TRAITÉS de Mathématiques	P. Horte	J. Anisson	Paris	1692	1	in-12	
665	1629 G	COMMENTARIUS in Aristotelis physicam.	Petro Barbay	Léonard Plaignard	Lugduni	1692	1	in-12	
666	1630-1634 G	ANALES AGRICOLES	De Rovilles	M. Hussard	Paris	1837	5	in-8°	Brochés.
666 (b.)	1634 bis G	TRAITÉ sur les Vins de la France. . .	P. Batilliat	Mathias	Paris	1846	1	in-8°	Broché.
667	1635-1636 G	LA PRATIQUE DU JARDINAGE. . .	M. D***	Debure	Paris	1774	2	in-12	
668	1637 G	LE JARDINIER FLEURISTE	L. Liger	Saugrin	Paris	1754	1	in-12	
669	1638 G	LE JARDINIER FRANÇAIS	»	Deville	Lyon	1683	1	in-12	
670	1639 G	REMARQUES nécessaires sur la culture des Fleurs.	Morin	De Sercy	Paris	1667	1	in-12	

4° CLASSE.

—

Littérature.

—

671	1640 G	COMICI, ANDRIA	Terentius Afer	Fr. Stephanum	Parisiis	1547	1	in-12	
672	1641-1642 G	QUINTILLIANI INSTITUTIONES . . .	Carolus Rollin, traductor	Jacob Etienne	Parisiis	1735	2	in-12	
673	1643 G	QUINTILLIEN. De l'Institution de l'Orateur	trad. p. Gedoyn	Nyon	Paris	1752	1	in-12	2e tome seulement.
674	1644-1646 G	TRAITÉ DES ÉTUDES.	Rollin	Etienne	Paris	1755	en 4	in-12	Le 1er volume manque.
675	1647-1650 G	PRINCIPES DE LITTÉRATURE. . . .	l'abbé Batteux	Desaint	Paris	1754	en 5	in-12	Le 1er volume manque.
676	1651 G	L'ÉLOQUENCE DE LA CHAIRE. . .	l'abbé Bretteville	Thierry	Paris	1698	1	in-12	
677	1652 G	BON GOUT DE L'ÉLOQUENCE. . .	B. G. J.	Boudet	Lyon	1702	1	in-12	
678	1653 G	POÉSIES	de Villiers	Colombert	Paris	1712	1	in-12	
679	1654 G	ESSAIS DE LITTÉRATURE	l'abbé Trullet	Briasson	Paris	1760	1	in-12	Le 4e vol. seulement.
680	1655 G	MÉLANGES de Littérature, d'Histoire et de Philosophie.	»	Zach. Chatelain	Amsterdam	1767	1	in-12	Le 2e vol. seulement.
681	1656 G	MANIÈRE DE BIEN PENSER. . . .	»	Baritel	Lyon	1691	1	in-12	
682	1657 G	MANIÈRE DE PARLER	»	Claude Rey	Lyon	1697	1	in-12	
683	1658 G	TRAGEDIÆ	Seneca	Blacu	Amsterdam	1665	1	in-18	
684	1659-1660 G	COMÉDIES	Térence	Mathieu Libéral	Lyon	1693	2	in-18	
685	1661-1662 G	ORATIONES	Carolus Porée	Bordelet	Parisiis	1735	2	in-12	
686	1663 G	COSSARTII ORATIONES ET CARMINA .	Cossartius	Cramoisy	Parisiis	1675	1	in-18	
687	1664-1665 G	LES TROIS SIÈCLES de notre Littérature.	»	»	Amsterdam	1773	en 3	in-12	Le 1er vol. manque.
688	1666 G	JUBA, GERMANICUS (tragédies). . .	»	J. Guérier	Lyon	1695	1	in-18	
689	1667 G	TRAGÉDIES ET OEUVRES MÊLÉES. .	»	J. Guérier	Lyon	1697	1	in-18	
690	1668 G	POÉSIES PASTORALES	M. D. F.	Michel Guerout	Paris	1688	1	in-18	
691	1669 G	LE PLUTUS ET LES NUÉES d'Aristophane	Mlle Le Fèvre	Thierry	Paris	1684	1	in-12	
692	1670 G	LIBELLUS Carminum Madeleneti. . .	»	Cramoisy	Paris	1662	1	in-18	
693	1671 G	MADELEINE à la Sainte-Baume . . .	P. St-Louis	J. Baptiste	Lyon	1694	1	in-18	
694	1672 G	L'AMINTE DU TASSE.	»	Barbin	Paris	1676	1	in-18	
695	1673 G	LE THÉATRE ITALIEN	»	Jacq. Deutand	Genève	1695	1	in-12	
696	1674 G	IL SECRETARIO IN PARNASSO. . .	Cornacchia	»	Milan	1714	1	in-12	
697	1675 G	IL PASTOR FIDO, TRAGIROMEDIA .	Guarini	»	»	1639	1	in-32	
698	1676-1683 G	OEUVRES DE FONTENELLE.	Fontenelle	Brunet	Paris	1758	8	in-12	Le 4e et le 8e manquent.
699	1684 G	RECUEIL DE POÉSIES.	P. du Cerceau	Vve Etienne	Paris	1733	1	in-12	
700	1685 G	CONJURATION DE NICOLAS GABRINI .	le P. du Cerceau	id.	id.	1733	1	in-12	
701	1686-1687 G	DON QUIXOTTE (texte espagnol). . .	Cervantes Saavedra	J.-B. Verdussen	En Emberes	1697	2	in-12	
702	1688-1689 G	PARALLÈLE des Anciens et des Modernes	Perrault	J.-B. Coignard	Paris	1690	en 3	in-12	Le 1er manque.
703	1690 G	COMPARAISON de Démosthène et Cicéron.	»	Fçois Muguet	Paris	1676	1	in-12	
704	1691 G	POÉSIES	Aceilly	Cramoisy	Paris	1663	1	in-18	
705	1692 G	OEUVRES DE MONTREUIL.	Montreuil	Billaine	Paris	1671	1	in-12	

NUMÉRO des Ouvrages	NUMÉRO DES VOLUMES	TITRE DES OUVRAGES.	AUTEUR.	ÉDITEUR.	VILLE.	DATE.	NOMBRE DES VOLUMES	FORMAT.	OBSERVATIONS.
706	1693 g	LETTRES DE PLINE	Pline	Reinier	Rotterdam	1708	1	in-12	Le 1er vol. manque.
707	1694 g	RECUEIL de Pièces en vers	»	Ribou	Paris	1711	1	in-12	
708	1695 g	POÉSIES CHRÉTIENNES	Ant. Godeau	Pierre Lepetit	Paris	1663	1	in-18	Le 3e vol. seulement
709	1696 g	NOUVELLE GRAMMAIRE ESPAGNOLE	de Vagrac	Pierre Witte	Paris	1714	1	in-12	
710	1697 g	Même ouvrage.	Francisco Sobrino	F. Foppens	Bruxelles	1712	1	in-18	
711	1698 g	GRAM. et DICTION. français-espag.	Maunoy	Cl. Barbin	Paris	1704	1	in-18	
712	1699 g	DICTION. français-all.-latin-all.-franç.-latin	Natanael Duez	Samuel Chouet	Genève	1663	1	in-8o	
713	1700 g	NOUVELLE MÉTHODE pour apprendre la langue latine	»	Pierre Lepetit	Paris	1662	1	in-18	
714	1701 g	RÈGLES pour la langue latine et française.	Gaulyer	J. La Nyon	Paris	1716	1	in-12	
715	1702 g	TRADUCTION des Modèles choisis de Latinité 3e partie	»	Louis Guérin	Paris	1753	1	in-12	Un 3e vol. seulement.
716	1703 g	LA LANGUE FRANÇAISE appliquée.	Malherbe	Nicolas le Breton	Paris	1725	1	in-12	
717	1704 g	LE MANUEL DES GRAMMAIRES.	Mercier	Cl. Thirout	Paris	1697	1	in-12	
718	1705 g	LA GRAMMAIRE FRANÇAISE.	Vailly	Debure	Paris	1754	1	in-12	
719	1706 g	LE PARTERRE DE LA RHÉTORIQUE.	»		Lyon	1666	1	in-18	
720	1707 g	LA GÉOGRAPHIE ROYALE	le père Philippe Labbé	Cie	»	1673	1	in-12	
721	1708 g	PRINCIPES DE LA PHILOSOPHIE.	Descartes	Cie des libraires	Paris	1723	1	in-12	
722	1709-1714 g	CURSUS PHILOSOPHICUS	Petrus Lemonier	L. Genneau	Parisiis	1730	6	in-12	
723	1715 g	PHILOSOPHIA UNIVERSALIS	Duhamel	Cl. Thibost	Paris	1705	1	in-12	Le 2e vol. seulement.
724	1716 g	OPUSCULA PHILOSOPHICA.	Stéph. de Melles	F. le Cointe	Parisiis	1669	1	in-12	
725	1717 g	SELECTÆ è PROFANIS	»	Vidua Etienne	Paris	1764	1	in-12	
726	1718-1726 g	LE SPECTACLE DE LA NATURE	»	Vve Etienne	Paris	1735	8	in-12	
727	1727-1731 g	Même ouvrage.	»	id.	id.	id.	5	in-12	Les 1er, 6e et 8e v. manquent

5e CLASSE.

Histoire.

Case H

728	1732-1847 h	(*) HISTOIRE UNIVERSELLE.	Une société de lettrés	Moutard	Paris	1780	121	in-8o	Les 75e, 95e, 97e et le 109e manquent.
729	1848 h	HISTOIRE ROMAINE, éclaircie par les Médaillés	J. Schultz	Moutard	Paris	1783	1	in-8o	
730	1849 h	HISTOIRE CRITIQUE du vieux Testament.	Richard Simon	Reiner Leers	Rotterdam	1685	1	in-4o	
731	1850 h	HISTOIRE CRITIQUE du Nouveau Testament.	id.	id.	id.	1693	1	in-4o	
732	1851 h	HISTOIRE CRITIQUE des Versions du N. Testament.	id.	id.	Rotterdam	1690	1	in-4o	
733	1852-1865 h	HISTOIRE DU PEUPLE DE DIEU Ancien Testament. — 8 tomes en 9 volumes avec le suppl. — Nouveau Testament en 4 vol. (le 2e manque). — Epîtres des Apôtres, 2 vol.	Berruyer	Knapen	Paris	1728	14	in-4o	
734	1866-1879 h	Même ouvrage Ancien Testam. 7 tomes en 8 vol. — Nouveau Testam. 4 vol. — Epîtres des Apôtres, 2 vol.	id.	Bordelet	Paris	1734	14	in-4o	
735	1880 h	HISTOIRE UNIVERSELLE.	de Belle-Forêt	Mallot	Paris	1672	1	in-4o	
736	1881 h	HISTOIRE SACRÉE ET PROFANE	D. Calmet	Doulssecker	Strasbourg	1735	1	in-4o	1er vol. seulement
737	1882 h	SYSTÈME CHRONOLOG. sur les textes de la Bible	Michel	Briasson	Toul	1733	1	in-4o	
738	1883-1886 h	HISTOIRE DE L'ÉGLISE, par Eusèbe, Socrate, etc.	traduite par Cousin	Foucaud	Paris	1675	4	in-4o	
739	1887-1902 h	MÉMOIRES pour servir à l'Histoire ecclésiastique.	Tillemont	Robustel	Paris	1700	16	in-4o	
740	1903-1904 h	HISTOIRE SAINTE	Nicolas Talon	Société des Imp.	Lyon	1644	2	in-12	
741	1905-1940 h	HISTOIRE ECCLÉSIASTIQUE.	Fleury	Mariette Hémery	Paris	1722	36	in-12	Non compris la table
742	1941-1980 h	Même ouvrage.	id.	Hémery	id.	id.	40	in-12	Y compris table générale.
743	1981 h	DISCOURS sur l'Histoire Ecclésiastique.	Fleury	Hémery	Paris	1720	1	in-12	
744	1982 h	JUSTIFICATION des Discours de Fleury.	Fleury	»	»	1736	1	in-12	
745	1983 h	MOEURS des ISRAÉLITES.	Fleury	Gervais Clouzier	Paris	1682	1	in-12	
746	1984-1987 h	HISTOIRE DES RELIGIONS	Jovet	Du Lénil	Paris	1710	4	in-12	
747	1988-1999 h	HISTOIRE DES RÉVOLUTIONS en matière de Religion.	Varillas	Barbin	Paris	1686	12	in-12	

(*) Voir case A no 89 — Œuvres de Bossuet.

NUMÉRO des Ouvrages.	NUMÉRO DES VOLUMES.	TITRE DES OUVRAGES.	AUTEUR.	ÉDITEUR.	VILLE.	DATE.	NOMBRE DES VOLUMES.	FORMAT.	OBSERVATIONS.
748	2000 H	RÉPONSE DE VARILLAS à M. Burnet .	Varillas	Barbin	Paris	1687	1	in-8°	
749	2001-2003 H	HISTOIRE DE L'ARIANISME.	Maimbourg	Cramoisy	Paris	1682	3	in-12	
750	2004-2005 H	HISTOIRE DES ICONOCLASTES . . .	id.	id.	id.	1683	2	in-12	
751	2006-2007 H	HISTOIRE DU SCHISME GREC . . .	id.	id.	id.	1680	2	in-12	
752	2008-2009 H	HISTOIRE DU SCHISME D'OCCIDENT. .	id.	id.	id.	1678	2	in-18	
753	2010-2011 H	HISTOIRE DU LUTHÉRANISME. . . .	id.	id.	id.	1688	2.	in-18	
754	2012-2013 H	HISTOIRE DU CALVINISME	id.	id.	id.	1687	2	in-12	
755	2014 H	TRAITÉ HISTORIQUE de l'Église de Rome	Maimbourg	Cramoisy	Paris	1685	1	in-18	
756	2015 H	CONCLAVE DE PONTIFICI ROMANI. .	(texte italien)	»	»	1668	1	in-18	
757	2016-2051 H	HISTOIRE ECCLÉSIASTIQUE. . . .	Fleury	Mariette	Paris	1713	en 37	in-4°	Le 16° manque. Y compris la table générale.
758	2052-2087 H	Même ouvrage.	Fleury	Hemery	Paris	1722	36	in-4°	Non compris la table générale
759	2088 H	LA VIE DE N.-S. JÉSUS-CHRIST. . .	le Père Leprévot	Hénault	Paris	1658	1	in-4°	
760	2089 H	ECCLESIÆ GRECÆ MONUMENTA. .	Cotelerius	Muguet	Lutetiæ	1678	1	in-4°	
761	2090-2091 H	VITÆ PAPARUM	Baluze	F. Muguet	Parisiis	1693	2	in-4°	
762	2092 H	DE SCRIPTORIBUS ECCLÉSIAST. · · ·	Bellarmin	Horatius Boissat	Lugduni	1663	1	in-12	
763	2093-2094 H	HISTOIRE SAINTE	Gautruche	Laurent	Lyon	1691	2	in-12	
764	2095-2097 H	ANNALES BARONII ab Aurelio Perussino.	Baronius	Variquet	Parisiis	1666	3	in-12	
765	2098-2101 H	HISTOIRE DE L'ÉGLISE (abrégé) . . .	»	Vincent	Paris	1712	4	in-12	
766	2102-2117 H	HISTOIRE DE L'EGLISE GALLICANE .	le P. De Longueval	Gaude	Nismes	1782	18	in-12	
767	2118-2121 H	HISTOIRE DES CROISADES . . .	Maimbourg	Mabre-Cramoisy	Paris	1687	4	in-12	
768	2122 H	IN LACTANTIUM de mortibus persecuto-rum	Nic. Toinardus	Arnulph Seneuze	Parisiis	1690	1	in-12	
769	2123-2164 J	ACTA SANCTORUM : Jannarius, 2 vol ; — febru. 3 vol. ; — mart., 2 vol. ; — apr., 3 vol. ; — mai, 8 vol. ; — jun., 7 vol. ; jul., 7 vol. ; — Aug., 6 vol. ; — sept., 8 vol. ; — octob., 1 vol. tantum. . .	Bollandistæ	»	Antuerpiæ	1643 à 1765	43	in-F°	Le n° 2139 est bis. Il manque le 2 vol de mars, les 2 premiers de juin, ainsi que le 1er vol. de juillet.
770	2165-2168 J	VIE DES SAINTS.	Baillet	Roulland	Paris	1704	4	in-F°	
771	2169-2173 J	ANNALES ORDINIS STI-BENEDICTI .	D. Mabillon	C. Robustel	Lutetiæ	1703	5	in-F°	
772	2174-2178 K	SIRMONDI OPERA epistolis aliisque scrip-tis Sti-Theodori Aucta	Sirmondus	Typ. Regia	Parisiis	1696	5	in-F°	
773	2179-2180 K	NICEPHORI GREGORÆ Bysantina historiæ	Nicephorus Gregora	Typ. Regia	Parisiis	1702	2	in-F°	
774	2181 K	HISTORIÆ BYSANT. scriptores Post Theophanem	F. Combefisius	Mabre-Cramoisy	Parisiis	1685	1	in-F°	
775	2182-2184 K	ORIENS CHRISTIANUS.	Michal Lequien	Typ. Regia	Parisiis	1743	3	in-F°	
776	2185-2186 K	J. ZONARÆ ANNALES a D. Du Cange illustratæ	J. Zonara	Typ. Regia	Parisiis	1686	2	in-F°	Grece et Latine.
777	2187 K	CHRONICON PASCHALE	Ch. Dufresne et du Cange	Typ. Regia	Parisiis	1688	1	in-F°	
778	2188 K	NAT. ALEXANDRI HISTORIA Ecclesias-tica veteris noviq. Testam., in-octo divisa tomos.	Nat. Alexander	Ant. Dozallier	Parisiis	1714	1	in-F°	Les 9 premiers tomes en 1 v.
779	2189-2190 K	HISTOIRE DE L'ÉGLISE	Godeau	Muguet	Paris	1674	2	in-F°	
780	2191 K	ANNALES ECCLESIASTICI in epitomen redacti	Henricus Spondanus	Posuel	Lugduni	1686	1	in-F°	
781	2192 K	GALLIA CHRISTIANA.	Cl. Robertus	Séb. Cramoisy	Lutetiæ	1626	1	in-F°	
782	2193-2203 K	GALLIA CHRISTIANA.	Dionysius Sammartanus	Typ. Regia	Parisiis	1716	12	in-F°	
783	2204 K	DE LITTURGIA GALLICANA . . .	Joanes Mabillon	Carolus Robustel	Lutetiæ	1697	1	in-4°	
784	2205-2206 K	VOYAGE LITTÉRAIRE de deux religieux Bénédictins	D. Martène	Delaulne	Paris	1717	2	in-4°	
785	2207 K	EXHIBITIO ERRORUM Dan Papebrok.	Sébast à S. Paulo	Servatius Neethen	Colonia	1693	1	in-4°	
786	2208-2208 K (b)	RESPONSIO PAPEBROKII ad Rev. Sébast. à St-Paulo	Papebrokius	Thieulier	Antuerpiæ	1696	2	in-4°	
787	2209 K	VIE DE SAINT-JEAN-CHRYSOSTOME. .	»	Saureux	Paris	1664	1	in-4°	
788	2210-2211 K	VIE de St-Basile-le-Grand et de St-Gré-goire de Nazianze.	God. Herman	Dezallier	Paris	1679	2	in-4°	
789	2212 K	VIE DE ST-ATHANASE.	Herman	J. Dupuy	Paris	1671	1	in-4°	Le 1er vol manque.
790	2213 J	VIE DE ST-AMBROISE.	Herman	J. Dupuy	Paris	1678	1	in-4°	
791	2214 J	BENEDICTI XIII VITA.	Alex. Borgia	Bernabas	Romæ	1741	1	in-4°	
792	2215 J	LES MIRACLES de la Grâce Victor. en la vie de Ste-Dauphine	Elziard Borely	J. Badisson	Lyon	1654	1	in-4°	

NUMÉRO des Ouvrages.	NUMÉRO DES VOLUMES.	TITRE DES OUVRAGES.	AUTEUR.	ÉDITEUR.	VILLE.	DATE.	NOMBRE DES VOLUMES.	FORMAT.	OBSERVATIONS.
793	2216 J	LA VIE DU B. FRANÇOIS DE SALLES .	Aug. de Sales.	Fçois Labottière	Lyon	1661	1	in-4°	
794	2217 J	APOLOGIE de la mission de St-Maure. .	Thierry Ruinart	Pierre de Bars	Paris	1702	1	in-8°	
795	2218 J	VIE DE St-VINCENT DE PAUL. . . .	Louis Abelly	Florentin Lambert	Paris	1668	1	in-8°	
796	2219 J	VIE DES PROPHÈTES avec des Réflexions tirées des SS. Pères.	»	Anisson	Lyon	1685	1	in-8°	
797	2220-2222 J	VIE DES SS. PÈRES DES DESERTS p. p. de l'Église.	Arnauld d'Andilly.	P. le Petit	Paris	1675	3	in-8°	
798	2223 J	VIE DE Jn d'ARANTHON évêque et prince de Genève	»	Fçois Comba	Lyon	1697	1	in-8°	
799	2224 J	VIE DE Mme DE CONRIETTE de POURLAN.	»	Jean Certe	Lyon	1699	1	in-8°	
800	2225 J	VIE DE VÉN. CRÉTENET prêtre missionnaire de St-Joseph de Lyon. . . .	un ecclésiastique	Hugues de Noually	Lyon	1680	1	in-8°	
801	2226 J	VIE DE FRANÇOIS REGIS	le père d'Aubenton	Louis Bruysset	Lyon	1718	1	in-12	
802	2227-2228 J	HISTOIRE DU PONTIFICAT de St-Grégoire-le-Grand	Maimbourg	Claude Barbin	Paris	1686	2	in-12	
803	2229-2230 J	Même ouvrage	id.	id.	id.	1687	2	in-12	
804	2231 J	VIE DE LA Vble MADELEINE du Sauveur, surnommé Mathieu	Alexandre de Lyon	F. Comba	Lyon	1691	1	in-12	
805	2232 J	HISTOIRE de la Vie et du Culte de Saint-Léonard du Limousin	L'abbé Oroux	J. Barbou	Paris	1760	1	in-12	
806	2233 J	LA VIE ET LES MIRACLES DE Saint-MORAND	J. Morand	Guill. Sassier	Paris	1662	1	in-12	
807	2234 J	DE VITA ET REBUS GESTIS Fçois de la Rochefoucault	Petrus Roverius	Sébast. Cramoisy	Parisiis	1645	1	in-12	
808	2235 J	LA VIE DE DAME MARTHE D'ORAISON.	Marc Bauden	J. Molin	Lyon	1671	1	in-18	
809	2236 J	RELATIONS de la mort de q. q. religieux de la Trappe	»	Etienne Michallet	Paris	1783	1	in-18	
810	2237 J	HISTOIRE de la ville et de l'Église de Fréjus	Girardin	Delaulne	Paris	1729	1	in-12	2 tomes en 1 vol.
811	2238-2241 J	BIOGRAPHIE UNIVERSELLE.	Feller	Rey	Amsterdam	1769	4	in-8°	
812	2242-2245 J	Même ouvrage	id.	id.	id.	1769	4	in-8°	
813	2246-2250 J	HISTOIRE DES JUIFS	Flavien Joseph (traduit par Arnould d'Andilly.)	Pierre le Petit	Paris	1774	5	in-18	
814	2251-2263 J	HISTOIRE ANCIENNE.	Rollin	Etienne	Paris	1758	13	in-12	
815	2264-2278 J	HISTOIRE ROMAINE	Rollin	Etienne	Paris	1758	16	in-12	
816	2279-2290 J	HISTOIRE DES EMPEREURS ROMAINS .	Crevier	Desaint	Paris	1749	12	in-12	
817	2291-2313 (b) J	HISTOIRE DU BAS EMPIRE.	Lebeau	Desaint	Paris	1757	24	in-12	
818	2314-2315 J	HISTOIRE DE LA DÉCADENCE DE L'EMPIRE.	Maimbourg	Mabre-Cramoisy	Paris	1682	2	in-12	
819	2316-2319 J	MÉMOIRES chronologiques pour servir à l'Histoire de l'Europe.	»	Desbordes	Amsterdam	1725	4	in-12	
820	2320-2323 J	PRATIQUE de Mémoire artificielle . . .	le père Buffier	Giffard	Paris	1714	en 5	in-12	Le 5e vol. manque.
821	2324-2327 J	INTRODUCTION à l'Histoire de l'Europe.	Samuel Puffendorff	P. Van-der-An	Leyde	1710	4	in-12	
822	2328-2354 J	HISTOIRE DE FRANCE	Velly	Desaint	Paris	1766	29	in-12	Le 1er et le 2e v. manquent.
823	2355-2356 J	ABRÉGÉ DE L'HISTOIRE DE FRANCE .	Du Verdier	Pépingué	Paris	1660	2	in-12	
824	2357-2358 J	L'ÉTAT DE LA FRANCE.	N. Besongne	Trabouillet	Paris	1694	2	in-12	
825	2359-2360 J	Même ouvrage.	id.	id.	id.	1694	2	in-12	
826	2361-2364 J	VARIATIONS de la Monarchie Française.	Gauthier de Sibert	Saillant	Paris	1765	4	in-12	
827	2365-2372 J	MÉMOIRES DE SULLY.	Sully	M. L. D. L. D. L.	Londres	1752	8	in-12	
828	2373-2380 J	HISTOIRE DE FRANCE sous Louis XIV .	Larray	Bhom	Rotterdam	1718	8	in-12	
829	2381-2385 J	AMBASSADE de Laborderie	de Laborderie	»	»	1750	5	in-12	
830	2386-2394 J	MÉMOIRES D'ESTRADE	Estrade	Nourse	Londres	1743	9	in-12	
831	2395 J	MÉMOIRES de la Rochefoucaud. . .	La Roche Foucaud	Gabriel Elzevirs	Amsterdam	1663	1	in-18	
832	2396 J	VIE de MICHEL de RUYTER. . . .	»	Berthelin	Rouen	1678	1	in-18	
833	2397-2398 J	Même ouvrage. . . .	»	Boon	Amsterdam	1677	2	in-18	
	Case K								
834	2399-2403 K	HISTOIRE DE FRANCE	Dupleix	Somnius	Paris	1727	5	in-F°	
835	2404-2406 K	HISTOIRE DE FRANCE	Legendre	Robustel	Paris	1718	3	in-F°	
836	2407-2409 K	HISTOIRE DE THOU.	P. du Ryer	Courbet	Paris	1659	3	in-F°	
837	2410-2411 K	HISTOIRE DE LA MAISON DE FRANCE.	Scévole et L. de Ste-Marthe	Cramoisy	Paris	1647	2	in-F°	
838	2412 K	MÉMOIRES DE SULLY	Sully	A l'enseigne des 3 vertus.	Amsterdam	»	1	in-F°	
839	2413 K	HISTOIRE DE CHARLES VIII . . .	De Jaligny	Mabre-Cramoisy	Paris	1684	1	in-F°	
840	2414 K	RECHERCHES	Et. Pasquier	Billaine	Paris	1665	1	in-F°	

NUMÉRO des Ouvrages.	NUMÉRO DES VOLUMES.	TITRE DES OUVRAGES.	AUTEUR.	ÉDITEUR.	VILLE	DATE	NOMBRE DES VOLUMES.	FORMAT.	OBSERVATIONS.
841	2415-2416 κ	HISTOIRE DES GUERRES CIVILES de France	Davila	Rocolet	Paris	1644	2	in-F°	
842	2417 κ	MÉDAILLES sur les ÉVÈNEMENTS de Louis XIV	»	Imp. Royale	Paris	1702	1	in-4°	
843	2418 κ	HISTOIRE D'ÉPERNON	Girard	Courbet	Paris	1655	1	in-F°	
844	2419-2435 κ	HISTOIRE DE FRANCE	le père Daniel	Libr. des associés	Paris	1755	17	in-4°	
845	2436-2438 κ	HISTOIRE CRITIQUE DE LA MONARCHIE	l'abbé Dubost	Osmond	Paris	1734	3	in-4°	
846	2439-2440 κ	HISTOIRE DES FRANÇAIS	G. de Tours, traduit par de Marolles.	Léonard	Paris	1666	2	in-8°	
847	2441 κ	RECUEIL de diversses pièces pour 1649	»	»	»	»	1	in-4°	
848	2442 κ	MÉMOIRE pour servir à l'Histoire de France et de Bourgogne	»	Gandouin	Paris	1729	1	in-4°	
849	2443-2444 κ	HISTOIRE DE BOURGOGNE	Dunod	De Fay	Dijon	1737	2	in-4°	Le 1er vol. manque.
850	2445-2446 κ	LA FRANCE dans sa splendeur	Louvet	Comba	Lyon	1674	2	in-12	
851	2447-2449 κ	HISTOIRE DE HENRI II	Varillas	Barbin	Paris	1692	3	in-12	
852	2450-2451 κ	HISTOIRE DE CHARLES IX	Varillas	Amaulry	Lyon	1684	2	in-18	Le 1er vol. manque.
853	2452-2453 κ	HISTOIRE DE LA LIGUE	Maimbourg	Mabre Cramoisy	Paris	1683	2	in-18	
854	2454-2455 κ	ABRÉGÉ DE L'HISTOIRE DU SIÈCLE DE FER	Parival	Vivien	Bruxelles	1663	2	in-18	
855	2456-2458 κ	Même ouvrage (Continuation du précédent)	id.	Rivine	Lyon	1666	3	in-18	
856	2459 κ	MÉMOIRES DU DUC DE GUISE	Duc de Guise	Martin	Paris	1668	1	in-12	
857	2460 κ	MÉMOIRES DE NAVAILLES	Navailles	Malherbe	Amsterdam	1702	1	in-18	
858	2461-2462 κ	MÉMOIRES DE BRIENNE	De Brienne	Marthios	Lahaye	1721	2	in-18	
859	2463-2470 κ	DESCRIPTION DE PARIS, etc	Piganiolle de la Force	Cavelier	Paris	1742	8	in-12	
860	2471 κ	DEVOIRS DES GRANDS et Testament de Conty	De Conty	Claude Barbin	Paris	1667	1	in-18	
861	2472 κ	RAISONS POLITIQUES touchant la guerre d'Allemagne	»	»	Strasbourg	1675	1	in-18	
862	2473 κ	VERTUS DU DAUPHIN	le père Martineau	La Société	Lyon	1712	1	in-18	
863	2474 κ	VIE DE COLIGNY (Gaspard)	»	Marteau	Cologne	1690	1	in-18	
864	2475 κ	VIE DE J.-B. COLBERT	»	»	Cologne	1695	1	in-18	
865	2476-2488 κ	DÉFENSE DE FOUQUET et CONCLUSION	»	»	»	1765	13	in-18	
866	2489-2492 (b) κ	HISTOIRE D'ANGLETERRE	M. Targe	Desaint	Paris	1768	5	in-12	
867	2493-2501 κ	HISTOIRE DU DANEMARK	Des Roches	Barbou	Paris	1732	9	in-12	
868	2502-2506 κ	HISTOIRE des RÉVOLUTIONS D'ESPAGNE	le père d'Orléans	Rollin	Paris	1737	5	in-12	
869	2507 κ	GUERRAS DE GRANADA	»	Phil. Mey	Valencia	1613	1	in-12	Texte espagnol.
870	2508-2509 κ	FAMIANI STRADOE de Bello Belgico	Famianus Strada	Cnobbari	Antuerpiæ	1640	2	in-12	
871	2510-2513 κ	HISTOIRE DE LA GUERRE DE FLANDRE	Famianus Strada	au Palais	Paris	1675	4	in-12	
872	2514-2516 κ	HISTOIRE DE CHARLES XII	Adelerfeld	Ganeau	Paris	1741	3	in-12	
873	2517-2518 κ	MERCURE HOLLANDAIS	Louvet	Baritel	Lyon	1673	2	in-12	Le 1er et le 2e vol.
874	2519 κ	MÉMOIRES DE JEAN DE WIT	Jean de Wit	Bulderen	Lahaye	1719	1	in-12	
875	2520-2523 κ	HISTOIRE DE HONGRIE	»	Deluynes	Paris	1685	4	in-12	
876	2524 κ	SIÈGE DE BUDE	Devize	Amaulry	Lyon	1687	1	in-18	
877	2525-2526 κ	ABRÉGÉ DE L'HISTOIRE DES TURCS	Du Verdier	Baujolin	Lyon	1665	2	in-12	
878	2527-2529 κ	AMMIEN-MARCELLIN	Ammien Marcellin	Barbin	Paris	1672	3	in-12	
879	2530-2531 κ	HISTOIRE de la Conquête du Mexique	De Solin	Cie des libraires	Paris	1714	2	in-18	
880	2532-2536 κ	HISTOIRE DES CHEVALIERS de Malte	De Vertot	Rollin	Paris	1727	5	in-12	
881	2537 κ	HISTOIRE DU DIVORCE DE HENRI VIII	Joachim le Grand	Ve Martin	Paris	1688	1	in-12	Le 1er vol. seulement.
882	2538 κ	HISTOIRE DE RAGOTZI ou la Guerre des Mécontents	»	Fçois Lancelot	Cassovie	1707	1	in-18	
883	2539-2540 κ	MÉMOIRES DU Sr DE LA CROIX	De la Croix	Cl. Barbin	Paris	1684	2	in-18	
884	2541-2542 κ	HISTOIRE D'OLIVIER CROMWEL	Raguenet	Pierre Elzevirs	Utrecht	1691	2	in-18	
885	2543 κ	TESTAMENT DE CHARLES II, roi d'Espagne	Charles II	Jean Henri	Lahaye	1701	1	in-18	
886	2544 κ	HISTOIRE D'ALEX. FARNÈZE, Gouverneur de la Belgique	M. M.	Ant. Michils	Amsterdam	1692	1	in-18	
887	2545 κ	VOYAGE AUX PAYS-BAS	le p. Boussingault	Fçois Clouzier	Paris	1678	1	in-12	
888	2546 κ	SIÈGE DE DOLE	J. Boyvin	Binard	Dole	1637	1	in-4°	
889	2547 κ	HISTOIRE DES ILES St-Christophe, Guadeloupe, etc	le père Du Tertre	Langlois	Paris	1654	1	in-4°	
890	2548-2560 κ	GAZETTE de 1691 à 1716	»	Ant. Juillterau et Fçois Barbier, etc., etc.	Lyon		13	in-4°	
891	2561-2569 κ	MERCURE GALANT	»	Amaulry	Lyon	1673 à 1686	9	in-18	

NUMÉRO des Ouvrages.	NUMÉRO DES VOLUMES.	TITRE DES OUVRAGES.	AUTEUR.	ÉDITEUR.	VILLE	DATE	NOMBRE DES VOLUMES.	FORMAT.	OBSERVATIONS.
892	2570-2590 κ	MERCURE HISTORIQUE ET POLITIQUE.	»	H. Van Balderen	La Haye	1711 à 1717	21	in-18	
893	2591-2606 κ	OUVRAGES DES SAVANTS	par B.	Desbordes	Amsterdam	1686	16	in-18	
	Case L								
894	2607 L	HISTOIRE ROMAINE	Cœffeteau	Courbet	Paris	1647	1	in-F°	
895	2608 L	VETUS ET NOVUM LATIUM. . . .	Kireherus	Janssonius à Waesberge	Amstælodami	1671	1	in-F°	
896	2609 L	HISTOIRE de la Guerre des Juifs. . .	Josèphe	Lepetit	Paris	1668	1	in-F°	Le 2° vol. seulement.
897	2610-2615 L	HISTOIRE DES EMPEREURS	Tillemont	Robustel	Paris	1700	6	in-4°	
898	2616 L	DE LA VIE ET DES ACTIONS d'Alexandre le-Grand (Quinte-Curce).	trad. par du Ryer	Aug. Courbet	Paris	1659	1	in-4°	
899	2617 L	LES OEUVRES DE TACITE	Trad. p. Perrot d'Ablancourt	Aug. Courbet	Paris	1658	1	in-4°	
900	2618-2619 L	HISTOIRE DE L'EMPIRE	Le Sr Heiss	Barbin	Paris	1684	2	in-4°	
900(b.)	2619 (b.) L	BÉNÉFICES DE L'ARCHEVÊCHÉ de Lyon.	»	Alliot	Paris	1648	1	in-4°	
901	2620 L	HISTOIRE DE LYON	le p. Ménestrier	Deville	Lyon	1686	1	in-F°	
902	2621 L	L'ORIGINE DES BOURGONGNONS. . .	De Sainct Julien de Balleure	Nicolas Chesnau	Paris	1581	1	in-F°	
902(b.)	2621 (b.) L	RECUEIL DE L'HIST. DE BOURGOGNE	Pérard	Cramoisy	Paris	1664	1	in-F°	
903	2622 L	HISTOIRE de l'Abbatiale de St-Etienne de Dijon.	l'abbé Fyot	Ressayer	Dijon	1696	1	in-F°	
904	2623 L	HISTOIRE DE CHALON	le Père Perry	Tan	Chalon	1659	1	in-F°	
905	2624-2625 L	HISTOIRE DE CHALON	Pierre Cusset	»	Lyon	1662	2	in-4°	
906	2626 L	HISTOIRE DE CHALON-sur-SAONE. .	Victor Fouque	Vve Fouque	Chalon	1844	1	in-4°	
907	2627 L	HISTOIRE DE TOURNUS.	Fçois Chifflet	Phil. Chavance	Dijon	1664	1	in-4°	
907(b.)	2627 (b.) L	ORIGINE de la ville et Abbaye de Tournus.	par un compatriote	Philippe Tan	Chalon	1637	1	in-12	
908	2628 L	BIBLIOTHECA SEBUSIANA	S. Guichonon	G. Barbier	Lugduni	1666	1	in-4°	
909	2629-2630 L	HISTOIRE DE L'ILE BARBE . . .	le Laboureur	Couterot	Paris	1681	2	in-4°	
910	2631 L	HISTORIA TUTELENSIS	Baluze	Ex. typ. Regia	Parisiis	1717	1	in-4°	
911	2632 L	JURIDICTION des ABBÉ DE CLUNY . .	»	Vaugon	Paris	1706	1	in-F°	
912	2633 L	HISTORIARUM INDICARUM libri XVI. .	J. Maffeii	»	Colonia	1593	1	in-F°	
913	2634 L	HISTOIRE de SIAM.	Nicolas Gervaise	Barbin	Paris	1688	1	in-4°	
914	2635 L	PRIVILÈGES DE LYON	»	Barbier	Lyon	1644	1	in-4°	
914(b.)	2635 (b.) L	HISTOIRE DE L'ÉGLISE DE VIENNE. .	De Maupertuys	Certe	Lyon	1708	1	in-4°	
915	2636 L	AUTUN CHRÉTIEN.	Claude Saulnier	Guillemin	Autun	1686	1	in-4°	
916	2637-2693 L	JOURNAL DE TRÉVOUX.	Etienne Ganneau	»	Trévoux	1705 à 1731	56	in-18	
917	2694-2719 L	DOCUMENTS INÉDITS DE L'HISTOIRE DE FRANCE (*)	»	»	»	»	26	in-4°	
918	2720-2721 L	LA POLOGNE littér. monumentale et pittoresque	Léonard Chodzko	Bureau Coutrot	Paris	1833-36	2	in-4°	
919	2722-2723 L	STATISTIQUE du département de Saône-et-Loire	Ragut	Dejussieu	Mâcon	1838	2	in-4°	
920	2724-2764 L	OEUVRES COMPLÈTES de LAMARTINE .	Lamartine	»	Paris	de 1860 à 68	40	g.-8°	
921	2765-2766 L	HISTOIRE des Insectes nuisibles à la vigne.	Vict. Audoin	Fortin	Paris	1842	2	in-4°	
922	2767-2773 L	VOYAGES aux Sources du Nil. . . .	James Bruce	Lepetit	Paris	an 7	7	in-12	
923	2774-2779 L	VOYAGES en CHINE	John Barrow	Lepetit	Paris	1807	6	in-12	
924	2780-2791 L	id. de JAMES COOK	Cook	id.	id.	1804	12	in-12	
925	2792-2798 L	id. de TAVERNIER en Turquie etc.	J.-B. Breton	id.	id.	1810	7	in-12	Avec atlas.
926	2799-2800 L	id. AUTOUR DU MONDE. . .	une socié d'Eccles.	Mame	Tours	1838	2	in-12	
927	2801-2802 L	ABRÉGÉ du VOYAGE du jeune Anacharsis.	Eugène V.	Lebailly	Paris	1838	2	in-12	
928	2803 L	VOYAGE EN SUISSE	H. D. Spinola	Lebailly	Paris	1839	1	in-12	
829	2004 L	id. en ITALIE	id.	id.	id.	id.	1	in-12	
930	2805 L	LETTRES SUR L'ITALIE	Dupaty	Mame	Tours	1837	1	in-12	
931	2806-2807 L	HISTOIRE de la Découverte de l'Amérique.	Piton	Corbet aîné	Paris	1836	2	in-12	
932	2808 L	AVENTURES de Fernand Cortez. . .	H. Lebrun	Mame	Tours	1839	1	in-12	
933	2809-2810 L	HISTOIRE de la RÉVOLUTION romaine .	Vertot	Ch. Deis.	Besançon	1834	2	in-12	
934	2811 L	CHRONIQUES.	Grégoire de Tours	Mame	Tours	1838	1	in-12	

1° Rapports aux Bois et aux Ministres, 1 vol. — 2° Etats-Généraux de 1484, par Bernier, 1 vol. — 3° Conseil de Régence sous Charles VIII, par Bernier, 1 vol. — 4° Les Olim, par Beugnot, 1er vol. — 5° Lettres de Rois, Reines, etc., par Champollion-Figeac, 1er vol. — 6° Histoire de la Croisade contre les Albigeois, par Fauriel, 1 vol. — 7° Paris sous Philippe-le-Bel, par Géraud, 1 vol. — 8° Archives de la ville de Reims, par Varin, 1er vol. en 2 parties. — 9° Chroniques de Bertrand Du Guesclin, par Charrière, 2 vol. — 10° Chroniques des Ducs de Normandie, par Francisque-Michel, 2 vol. Ambass. Vénitiens, par Thommasséon, 2 vol. — 11° Chronique du religieux de St Denis, par Bellaguet, 1 vol. — 12° Chroniques des Ducs de Normandie, par Francisque-Michel, 2 vol. 13° Correspondance d'Escoubleau de Sourdis, par E. Sue, 3 vol. — 14° Réglements sur les Arts et Métiers, par Depping, 1 vol. — 15° Négociations relatives à la Succession d'Espagne, par Mignet, 2 vol. — 16° Mémoires militaires relatifs à la Succession d'Espagne, par Pelet, 3 vol. — 17° Ouvrages inédits d'Abelard, par V. Cousin, 1 vol.

NUMÉRO des Ouvrages.	NUMÉRO DES VOLUMES.	TITRE DES OUVRAGES.	AUTEUR.	ÉDITEUR.	VILLE.	DATE.	NOMBRE DES VOLUMES.	FORMAT.	OBSERVATIONS.
935	2812 L	HISTOIRE DE FRANCE.	De Bonnechose	Firmin Didot	Paris	1837	1	in-12	
936	2813 L	NOUVELLE HISTOIRE DE FRANCE avec portraits.	Ardent	Philippe	Paris	1835	1	in-12	
937	2814-2815 L	LA FRANCE ILLUSTRÉE par ses Grands hommes.	De Rhéville	Baudoin	Paris		2	in-12	
938	2816 L	HISTOIRE DE LA RÉVOLUTION de Suède	Vertot	Ch. Deis	Besançon	1834	1	in-12	
939	2817 L	HISTOIRE et Descriptions du Japon. .	Charbroin	Mame	Tours	1839	1	in-12	
940	2818 L	HISTOIRE DE CHARLES-QUINT. . .	Robertson	Mame	Tours	1838	1	in-12	
941	2819 L	id. des CHEVALIERS de MALTE .	Vertot	Mame	Tours	1837	1	in-12	
942	2820 L	id. de BOSSUET, évêque de Meaux.	Roy, d'après le Cal. Beausset	id.	id.	1838	1	in-12	
943	2821 L	id. DE FÉNÉLON d'après Beausset.	Roy	id.	id.	1838	1	in-12	
944	2822 L	id. de JEANNE D'ARC . . .	Em. Roi	id.	id.	1839	1	in-12	
945	2823-2824 L	LE PLUTARQUE FRANÇAIS. . . .	»	Lebailly	Paris	1839	2	in-12	
946	2825 L	JOSEPH.	Bitaubé	Mame	Tours	1837	1	in-12	
947	2826 L	LES CARACTÈRES	La Bruyère	id	id.	1837	1	in-12	
948	2827 L	MORCEAUX CHOISIS des Caractères.	P. H. de la Madeleine	Capelle et Renaud	Paris	1808	1	in-12	
949	2828-2829 L	LE PETIT BOSSU	Trémadeure	Ab. Coquane	Angoulême	1837	2	in-12	
950	2830 L	LE ROBERTSON de la Jeunesse . . .	H. Lebrun	Mame	Tours	1838	1	in-12	
951	2831-2832 L	OEUVRES SPIRITUELLES.	»	Hanor	Nancy	1834	2	in-12	
952	2833 L	RECUEIL DE LETTRES	Mme de Sévigné	Bollin	Paris	1738	1	in-12	Le 1e vol. seulement.
953	2834 L	ENTRETIENS sur l'économie politique. .	Smith	Boullaud	Paris	1825	1	in-12	
954	2835 L	LES JEUNES AMIS.	Elisab. Griffin	Caillot	Paris	»	1	in-12	
955	2836-2837 L	ÉTUDES DE LA NATURE.	Bernardin de St-Pierre	Barbou	Limoges	1837	2	in-12	Le 2e et 3e vol. seulement
956	2838 L	HISTOIRE NATURELLE des animaux les plus remarquables.	Un Naturaliste	Mame	Tours	1838	1	in-12	
957	2839 L	PHYSIQUE ET CHIMIE des Ecoles primaires	Bergery	Me Thiel	Metz	1834	1	in-12	
958	2840-2844 L	COURS ÉLÉMENTAIRE d'Agriculture et d'économie rurale.	Raspail	Hachette	Paris	1832	5	in-18	
		Manuscrit contenant :							
959	2845 L	VIE DE St-PHILIBERT.	Ermentarius	»	»	840	1	in-8°	
		CHRONIQUE DE TOURNUS	Falcon	»	»	11e s.			
		MARTYRE DE St-VALÉRIEN. . . .	Garnier	»	»	11e s.			
960	2846 - 2848 M	Devoir de l'Épiscopat		Bassompierre	Liège	1769	3	in-12	Signé Aveuge
961	2849 - 2857	Mémoires du Duc de Raguse		Perrotin	Paris	1857	9	in-8°	Don du Ministre de l'Instruction p.
962	2858 - 2859	Histoire de Royaumont	H. Duclos	Ch. Douniol	id	1867	2	in-8°	id
963	2860 - 2867	Enquête et traité de commerce avec l'Angleterre	Conseil sup. d'Agricult.	Imp. Imple	id	1860	8	in-4°	id
964	2868 - 2870	Enquête sur les sels	Minist. d'Agriculture et du commerce	id	id	1868	3	in-4°	id
965	2871 -	Enquête sur les sucres en Angleterre	id	Berger Levrault	Strasbourg	1863	1	in-4°	id
966	2872	même ouvrage	id	Imp. Imple	Paris	1863	1	in-4°	id
967	2873 - 2874	Enquête sur la marine marchande	id	id	id	1863	2	in-4°	id
968	2875 - 2876	Enquête sur les engrais industriels	id	id	id	1865	2	in-4°	id
969	2877 - 2878	Enquête sur l'enseignement professionnel	id	id	id	1864	2	in-4°	id
970	2879	Enquête sur la franchise des métaux	id	id	id	1868	1	in-4°	id
971	2880	Archives statistiques du Ministère des travaux publics	Min. des travaux publics	Imp. Royale	id	1837	1	in-4°	id
972	2881 - 2888	Statistique de la France	Minist. de l'Agriculture		id	1846	8	in-4°	id
"	2888 bis	Établissements français en Algérie		Imp. Imple	id	1857	1	in-4°	id
"	2888 ter	Notice historique sur la ville de la Guillotière	Crepet	Marle	Lyon	1846	1	in-4°	Don de l'auteur
973	2889	Description des espèces bovines en France	Lefour	Imp. Imple	Paris	1857	1	in-4°	Don du Min. de l'Instruction p.

NUMÉRO des Ouvrages.	NUMÉRO DES VOLUMES.	TITRE DES OUVRAGES.	AUTEUR.	ÉDITEUR.	VILLE.	DATE.	NOMBRE DES VOLUMES.	FORMAT.	OBSERVATIONS.
974	2890-2895	Géographie universelle	Malte-Brun	Garnier	Paris	1857	6	8°	acquis par l'administration
975	2896-2915	Concours d'animaux de boucherie	Ministre de l'agriculture	Imp. Impte	id	1860-1867	20	in 4°	Don du ministre de l'agriculture
976	2916	Primes d'honneur des concours régionaux	id	id	id	1869	1	in 4°	id
977	2917	Le cheval en France	Houel	Aug. Goin	id	1863	1	in 8°	
978	2918	Lois et documents relatifs au drainage	Ministre de l'agriculture	Imp. Impte	id	1857	1	in 4°	
979	2919	Œuvres agronomiques et forestières	Varenne de Fenille	N. Rothschild	id	1869	1	in 4°	
980	2920	Création des prairies irriguées	N. J. Dunkelberg	N. Masson	id	1869	1	in 8°	id
981	2921	Les ravageurs des forêts	de la Blanchère	J. Rothschild	id	1866	1	in 18	
982	2922-2924	Étude des vignobles en France	J. Guyot	N. Masson	id	1868	1	in 8°	id
983	2925	Rapport sur la viticulture	id	Imp. Impte	id	1867	1	in 8°	id
984	2926	Étude sur le vin	L. Pasteur	id	id	1866	1	in 8°	id
985	2927	Culture de la vigne	Trouillet	Aug. Goin	id	1866	1	in 12	id
986	2928	Éducation des vers à soie au Japon	Léon de Rosny	Imp. Impte	id	1868	1	in 8°	id
987	2929	Les vers à soie en 1867	Gagnat	Aug. Goin	id	1867	1	in 8°	id
988	2930	Maladie du vers à soie	Aug. de Masquard	Librairie agricole	id	1868	1	in 8°	id
989	2931	Guide de l'éducateur des vers à soie	Mauzan	Oreg. Rouxlis	Sisteron	1868	1	in 8°	id
990	2932	Du métayage comparé au fermage	Mittre	Aubin	Aix	1848	1	in 8°	id
991	2933	Traité des maladies de l'espèce bovine	J. Cruzel	P. Asselin	Paris	1869	1	in 8°	id
992	2934	L'étable	Petit de la Philomais	Sagnier	id	id	1	in 12	id
993	2935	Principes de zootechnie	E. Baudement	Ch. Delagrave	id	1869	1	in 12	id
994	2936	Races porcines	H. Magne	Garnier	id	1869	1	in 12	id
995	2937	Race bovine garonnaise	J. B. Gouy	Librairie agricole	id	1867	1	in 12	id
996	2938	Précis d'agriculture	E. de Lentilhac	J. Brousse	Périgueux	1866	1	in 12	id
997	2939	Notions d'agriculture	Masure	Blériot	Paris	1869	1	in 12	id
998	2940	Du rôle des femmes dans l'agriculture	P. S. C.	Librairie du Magasin Pittoresque	id	1869	1	in 12	id
999	2941	L'agriculture et la liberté	Victor Borie	Librairie agricole	id	1866	1	in 8°	id
1000	2942	Manuel d'horticulture	Un curé de campagne	Marion et Vignal	Roanne	1869	1	in 12	id
1001	2943	Culture économique	D. Niamel	J. Rothschild	Paris	1866	1	in 18	id
1002	2944	Les premiers pas dans l'agriculture	Casanova	id	id	1866	1	in 18	id
1003	2945	L'élagage des arbres	Comte A. des Cars	id	id	1867	1	in 18	id
1004	2946	Les destructeurs des arbres	Eug. Robert	id	id	1867	1	in 18	id
1005	2947	Engrais commerciaux	Adolphe Bobierre	V. Masson	id	1870	1	in 18	id
1006	2948	Du choix et culture des graminées	Courtois Gérard	L. Donnaud	id	1870	1	in 18	id
1007	2949	Du choix et culture des pommes de terre	id	id	id	1870	1	in 18	id
1008	2950	L'arboriculture fruitière	Gressent	Aug. Goin	id	1869	1	in 12	id
1009	2951-2952	Traité général des conifères	E. A. Carrière	Laine et Havard	id	1867	2	in 8°	id
1010	2953-2960	Travaux de la comm. française à l'exposition de 1867		Imp. Impte	id	1857	8	in 8°	id
1011	2961	Recherche historique sur la révolution communale à Dominique	V. Fouque	chez l'auteur	Chalon	1848	1	in 4°	Don de l'auteur
1012	2962	La vie arabe	Général Daumas	Michel Lévy	Paris	1869	1	in 8°	
1013	2963	Dictionnaire de biographie générale	Léo Joubert	Firmin Didot	id	1870	1	in 12	Don du ministre
1014	2964	La France et ses colonies	Ch. Périgot	Dusseau	Lagny		1	in 12	id
1015	2965	9me année dans l'Arabie centrale	Belin de Launay	L. Hachette	Paris	1869	1	in 12	
1016	2966	Voyage en Chine	Adolphe Barbier		id	1869	1	in 12	

7

NUMÉRO des Ouvrages.	NUMÉRO DES VOLUMES.	TITRE DES OUVRAGES.	AUTEUR.	ÉDITEUR.	VILLE	DATE	NOMBRE DES VOLUMES.	FORMAT.	OBSERVATIONS.
1017	2947 M.	Protidas ou la fondation de Marseille	G. Baldy	L. Hachette	Paris	1832	1	in 12	Don du Ministère de l'Instruction publique
1018	2968	Lettres intimes sur la campagne de Chine	Armand Lucy	J. Barile	Marseille	1861	1	in 8°	
1019	2969	Funerailles et sepultures	Doct. Fayot	Lacroix	Paris	1868	1	in 8°	id
1020	2970	Visites et étude à l'exposition de 1855	Prince Napoléon	Perrotin	"	1855	1	in 12	id
1021	2971	même ouvrage	id	C. Noblet	id	1856	1	in 12	id
1022	2972-2975	Histoire de la conquête de l'Angleterre	Auguste Thierry	Firmin	id	1859	4	in 12	id
1023	2976	Une page de l'histoire d'Angleterre	Edouard Hervé	A. Sauton	id	1869	1	in 12	d
1024	2977-2978	Histoire de Ste Chantal	Bougaud	Poussielgue	id	1870	2	in 12	d

NUMÉRO des Ouvrages.	NUMÉRO DES VOLUMES.	TITRE DES OUVRAGES.	AUTEUR.	ÉDITEUR.	VILLE	DATE	NOMBRE DES VOLUMES	FORMAT.	OBSERVATIONS.

NUMÉRO des Ouvrages.	NUMÉRO DES VOLUMES.	TITRE DES OUVRAGES.	AUTEUR.	ÉDITEUR.	VILLE.	DATE.	NOMBRE DES VOLUMES.	FORMAT.	OBSERVATIONS.

NUMÉRO des Ouvrages.	NUMÉRO DES VOLUMES.	TITRE DES OUVRAGES.	AUTEUR.	ÉDITEUR.	VILLE.	DATE.	NOMBRE DES VOLUMES	FORMAT.	OBSERVATIONS.

8.

NUMÉRO des Ouvrages.	NUMÉRO DES VOLUMES.	TITRE DES OUVRAGES.	AUTEUR.	ÉDITEUR.	VILLE.	DATE.	NOMBRE DES VOLUMES.	FORMAT.	OBSERVATIONS.

ATLAS A.

TABLEAUX DU ROY

Représentant sept sujets de l'Ancien Testament, vingt-deux du Nouveau,

cinq de la Fable, un de l'Histoire Profane et trois allégoriques.

SUJETS.

1. Saint-Michel, de Raphaël d'Urbin, *grav. par Gilles Rousselet.*
2. Le Déluge, d'Alex. Veronése, *grav. par Edelinck* (MANQUE).
3. Rebecca, du Poussin, *grav. par Gilles Rousselet.*
4. Moyse sauvé, du Poussin, *grav. par Rousselet.*
5. La Manne, du Poussin, *grav. par G. Chateau.*
6. L'Arche du Seigneur dans le Temple de Dagon, du Poussin, *grav. par Picart le Romain.*
7. David, du Dominiquain, *grav. par Rousselet* (MANQUE).
8. La Sainte-Famille, de Raphaël, *grav. par G. Edelinck* (MANQUE).
9. La Sainte-Famille, du vieux Palme, *grav. par Picart le Romain.*
10. Jésus dormant, du Carrache, *grav. par Picart le Romain.*
11. Les Aveugles de Jéricho, du Poussin, *grav. par G. Chateau.*
12. Le Denier de César, du Valentin, *grav. par Estienne Baudet.*
13. La Transfiguration, de Raphaël d'Urbin, *grav. par Simon Thomassin,* en 2 pl. (MANQUE).
14. Jésus-Christ descendu de la Croix, etc., du Titien, *grav. par Rousselet* (MANQUE).
15. Jésus-Christ et les Disciples d'Emaüs, du Titien. *grav. par Ant. Masson* (MANQUE).
16. Martyre de Saint-Etienne, du Carrache, *grav. par Chateau.*
17. Martyre de Saint-Etienne, du Carrache, *grav. par Baudet.*
18. Séparation de St-Pierre et de St-Paul, de Lanfranc, *grav. par Estienne Picart le Romain.*
19. Saint-Paul au troisième Ciel, du Poussin, *grav. par Chateau.*
20. L'Assomption de la Sainte-Vierge, du Carrache, *grav. par Chateau.*
21. Saint-Mathieu, du Valentin, *grav. par Rousselet.*
22. Saint-Marc, du Valentin, *grav. par Rousselet.*
23. Saint-Luc, du Valentin, *grav. par Rousselet.*
24. Saint-Jean, du Valentin, *grav. par Rousselet.*
25. Sainte-Catherine, d'Alex. Veronése, *grav. par G. Scotin.*
26. Sainte-Catherine, du Corrége, *grav. par Picart le Romain* (MANQUE).
27. Sainte-Cécile, du Dominiquain, *grav. par Picard le Romain.*
28. Saint-François-du-Guide, *grav. par Rousselet.*
29. Saint-Antoine-de-Padouë, de Vandeck, *grav. par Rousselet.*
30. Hercule tuant l'Hydre, du Guide, *grav. par Rousselet.*
31. Combat d'Hercule et d'Achéloüs, du Guide, *grav. par Rousselet.*
32. Enlèvement de Déjanire, du Guide, *grav. par Rousselet* (MANQUE).
33. Hercule sur le bûcher, du Guide, *grav. par Rousselet.*
34. Enée et Anchise, du Dominiquain, *grav. par G. Audran.*
35. Pyrrhus à la mamelle, du Poussin, *grav. par G. Chateau* (MANQUE).
36. La Vertu héroïque, du Corrége, *grav. par Picart le Romain.*
37. L'Homme sensuel, du Corrége, *grav. par Picart le Romain.*
38. Concert de Musique, du Dominiquain, *grav. par Picart le Romain.*

ATLAS B.

DISPARU EN ENTIER.

TABLEAUX DU ROY

Représentant cinq sujets de l'Histoire d'Alexandre-le-Grand.

SUJETS.

Passage du Granique, *grav. d'après M. Le Brun, par Gérard Audran*, en 3 planches.
La Bataille d'Arbelles, *grav. d'après M. Le Brun, par Gérard Audran*, en 4 planches.
La Famille de Darius, *grav. d'après M. Le Brun, par Edelinck*, en 2 planches.
Défaite de Porus, *grav. d'après M. Le Brun, par Gérard Audran*, en 4 planches.
Triomphe d'Alexandre, *grav. d'après M. Le Brun, par Gérard Audran*, en 2 planches.

ATLAS C.

MÉDAILLONS ANTIQUES DU CABINET DU ROY.

Ces Médaillons, dont la suite commence à Auguste et finit aux enfants de Constantin, sont disposés sur 44 planches, tirées sur autant de demi-feuilles, numérotées 1, 2, etc., *par de la Boissière.*

ATLAS D.

PLANS, ÉLÉVATIONS ET VUES

DES

CHATEAUX DU LOUVRE ET DES TUILERIES.

SUJETS.

1. Plan général du Château du Louvre et du Palais des Tuileries, *grav. par Berain,* en 2 planches.
2. Représentation des machines qui ont élevé les deux grandes pierres qui couvrent le fronton du Louvre, *grav. en 1677, par S. Le Clerc.*
3. Face principale du Louvre, *grav. par J. Marot.*
4. Plan et élévation de la façade du Louvre, du côté qui regarde la rivière, *grav. par J. Marot.*
5. Plan et élévation du côté du Louvre, vers la rivière, vue de la cour à gauche, *grav. par J. Marot.*
6. Plan général du Palais des Tuileries, *grav. par Israël Sylvestre*, en 2 planches.
7. Vue du Palais des Tuileries, du côté de l'entrée, avec le plan du premier étage, *grav. par Israël Sylvestre*, en 2 planches.

8. Vue du Palais des Tuileries, du côté du Jardin, *grav. par Israël Sylvestre*, en 2 planches.
9 Plan du Jardin du Palais des Tuileries, *grav. par Israël Sylvestre*.
10. Vue du Palais et des Jardins des Tuileries, *grav. par Israël Sylvestre*.
11. Vue des Jardins du Palais des Tuileries, du côté du Cours la Reine, *grav. par Israël Sylvestre*.
12. Ornements de Peinture et de Sculpture, qui sont dans la Galerie d'Apollon, au château du Louvre, et dans le grand appartement du Roi, au Palais des Tuileries, *dess. et grav. par les Srs Berain, Chauveau et Le Moine, N° 1, grav. par J. B. Scotin*.
13. Grand Trumeau de la Galerie d'Apollon, N° 2, *dess. et grav. par J. Berain*.
14. Grand Trumeau, N° 3,   *id.*
15. Petits Trumeaux, N° 4,   *id.*
16. Petits Trumeaux, N° 5,   *id.*
17. Petits Trumeaux, N° 6,   *id.*
18. Plafonds, de ladite Galerie, N° 7,   *id.*
19. Plafonds, N° 8,   *id.*
20. Plafonds, N° 9,   *id.*
21. Plafonds, N° 10,   *id.*
22. Plafonds, N° 11,   *id.*
23. Plafonds, N° 12,   *id.*
24. Porte, dans le grand Appartement des Tuileries, N° 13, *dess. et grav. par Fr. Chauveau*.
25. Porte, dans le même Appartement, N° 14, *dess. et grav. par Franç. Chauveau*.
26. Porte, dans le même Appartement, N° 15, *id.*
27. Porte, dans le même Appartement, N° 16, *id.*
28. Porte, dans le même Appartement, N° 17, *id*
29. Autre Porte, N° 18,   *id.*
30. Autre Porte, N° 19,   *id.*
31. Autre Porte, N° 20,   *id.*
32. Autre Porte, N° 21,   *id.*
33. Dessus de Porte dudit Appartement, N° 22, *id.*
34. Autre dessus de porte, N° 23,   *id.*
35. Autre dessus de Porte, N° 24,   *id.*
36. Autre dessus de Porte, N° 25,   *id.*
37. Lambris dudit Appartement, N° 26, *dess. et grav. par Le Moine*.
38. Lambris dudit Appartement, N° 27,   *id.*
39. Lambris dudit Appartement, N° 28,   *id.*
40. Lambris dudit Appartement, N° 29,   *id.*

ATLAS E.

PLANS, ÉLÉVATIONS ET VUES
DU CHATEAU DE VERSAILLES.

SUJETS.

1. Plan du Château de Versailles, sans titre, *levé et grav. par F. de la Pointe*.
2. Autre Plan du Château de Versailles, *grav. par* ***
3. Plan du Château de Versailles, avec tous ses appartements, *grav. par Israël Sylvestre*.

9

ATLAS F.

GROTTE, LABYRINTHE, FONTAINES ET BASSINS.
DE VERSAILLES.

GROTTE.

7 Vue du fond de la Grotte, N° 7, *grav. par Le Pautre.*
8. Pillier, orné de coquillages, N° 8,   *id.*
9. Pillier, orné de coquillages, N° 9,   *id.*
10. Demi Pillier, orné de même, N° 10,   *id.*
11. Pillier, orné de coquillages, N° 11,   *id.*
12. Pillier, orné de coquillages, N° 12,   *id.*
13. Demi pillier, orné de même, N° 13,   *id.*
14. Chandelier de coquillages, N° 14, *grav. par F. Chauveau.*
15. Masques de coquillages, N° 15,   *id.*
16. Le Soleil descend chez Thétis, N° 16, *grav. par J. Edelinck* (MANQUE).
17. Groupe de deux Chevaux du Soleil, N° 17, *grav. par Picart le Romain.*
18. Groupe de deux Chevaux du Soleil, N° 18, *grav. par Etienne Baudet.*
19. Statue d'Acis, N° 19, *par Baptiste Tubi Romain, dess. par H. Watele, et grav. par J. Edelinck.*
20. Statue de Galathée, N° 20, *par Baptiste Tubi Romain, dess. par H. Watele, et grav. par J. Edelinck.*

LABYRINTHE.

Gravé en 41 planches, par Sébastien Le Clerc.

21. Première demi-feuille du Labyrinthe, contenant depuis le N° 1 jusques et compris N° 9.
22. Seconde demi-feuille, N° 10, jusques et compris N° 18.
23. Troisième demi-feuille, N° 19, jusques et compris N° 27.
24. Quatrième demi-feuille, N° 28, jusques et compris N° 56.
25. Cinquième demi-feuille, N° 57, jusques et compris N° 41.

FONTAINES.

26. Encelade, poussant un Jet d'eau, *grav. d'après Gaspard de Marcy de Cambray*, par *Le Pautre.*
27. Latone entre Apollon et Diane, *grav. d'après le même, par Le Pautre.*
28. Fontaine de Flore, *grav.....*
29. Marais artificiel , *grav. par Israël Sylvestre.*
30. Vue des trois Fontaines, *dess. et grav. par Israël Sylvestre.*
31. Fontaine de la Renommée,   *id.*
32. Fontaine d'Apollon, *dess. et grav. par Louis Châtillon.*
33. Fontaine des Bains d'Apollon, *dess. par J. Cottel, et grav. par L. Simonneau.*
34. Vue principale du Théâtre d'eau,   *id*
35. Le Théâtre d'eau, *dess. et grav. par Israël Sylvestre.*
36. Enfant, Génie de la Puissance Royale, *dess. et grav. d'après Pierre Le Gros, de Chartres,* par *Le Pautre.*
37. Génie de la Valeur, *dess. et grav. d'après Martin des Jardins, de Breda, par Le Pautre.*
38. Génie des Richesses, *dess. et grav. d'après Benoît Masson, de Richelieu, par Le Pautre.*
39. Un Amour poussant des Flèches d'eau, *dess. et grav. d'après Gaspard de Marcy, de Cambray*, par *Le Pautre.*
40. Deux Amours, avec un Griffon qui fait un Jet d'eau, *dess. et grav. d'après Benoit Masson, de Richelieu, par Le Pautre.*
41. Deux amours, avec un Cygne, *Idem, dess. et grav. d'après Baptiste Tubi Romain*, par *Le Pautre.*

42. Deux Amours, avec une Ecrevisse, *dess. et grav. d'après J. Housseau, de Bar-sur-Aube*, par Le Pautre.
43. Deux Amours, tenant une Lyre, *dess. et grav. d'après Pierre Le Gros, de Chartres*, par Le Pautre.
44. Un Amour, tirant une Flèche d'eau, *dess. et grav. d'après Louis Lerambert, de Paris*, par Le Pautre.
45. Vénus élevée sur un Bassin, *grav. par P. Le Pautre.*
46. La Fontaine de la Syrène, *grav. d'après Gasp. et Barth. de Marcy, de Cambray*, par P. Le Pautre.

BASSINS.

47. Bassin de 10 pieds en carré, d'une seule Pierre, *grav. d'après Louis Lerambert, de Paris*, par Le Pautre.
48. Bassin, *Idem, grav. d'après Pierre Le Gros, de Chartres, par Le Pautre.*
49. Bassin, *Idem,*   *id.*   *id.*
50. Bassin, de 10 pieds de diamètre, d'une seule Pierre, *grav. d'après Etienne Le Hongre, de Paris, par Le Pautre.*
51. Bassin, *Idem, grav. d'après Louis Lerambert, de Paris, par Le Pautre.*
52 Bassin, *Idem, grav. d'après P. Le Gros, de Chartres, par Le Pautre.*
53. Bassin, *Idem, grav. par L. Lerambert.*

ATLAS G.

STATUES DU ROY, ANTIQUES ET MODERNES,

A VERSAILLES.

Statues grav. par J. G. Edelinck.

1. Latone, entre ses deux enfants, *d'après Balthazar de Marcy, de Cambray* (MANQUE).
2. Diane, *d'après Martin des Jardins.*
3. Vénus, *d'après Gaspard de Marcy, de Cambray.*
4. L'Air, *d'après* ***.
5. La Terre.
6. Le Printemps.
7. L'Eté.
8. L'Automne.
9. L'Hiver.
10. Une Fille, en habit de Bergère.

Statues grav. par G. Audran.

11. Le Point du Jour (MANQUE).
12. Ravissement de Proserpine.
13. L'Afrique.

Statues grav. par Le Pautre.

14. Un Satyre avec un autre plus petit.
15. Un autre Satyre.
16. Satyre tenant une grappe de Raisin.
17. Nymphe tenant une couronne de Chêne.
18. Un Faune.
19. Une Joueuse de Tambour.

Statues grav. par F. Chauveau.

20. Une Joueuse de Tambour.
21. Une Danseuse.

Statues grav. par Mellan.

22. Mercure.
23. Bacchus.
24. Vénus.
25. Cérès.
26. Diane.
27. Flore.
28. La Muse Thalie.
29. Un Faune.
30 Un autre Faune.
31. Un jeune Homme.
32. Un Gladiateur.
33. Figure antique.
34. Jeune Chasseresse.
35. Porcie, Femme de Brutus.
36. Agrippine, sortant du Bain.

Statues grav. par Baudet

37. Minerve.
38. Pallas.
39 Silène.
40. Bacchus.
41. Autre Bacchus.
42. Deux Nymphes Hespérides.
43. Sénateur Romain, sortant du Bain.
44. Autre Sénateur Romain.
45. Jeune Homme qui se tire une épine du pied.
46. Autre jeune Homme.
47. Une Femme.
48. Une autre Femme.

10

ATLAS H.

TERMES, BUSTES, SPHINX ET VASES DU ROY
A VERSAILLES.

Termes grav. d'après Louis Lerambert, par Le Pautre.

1. Jupiter et Junon.
2. Apollon et Daphné.
3. Mercure et Minerve.
4. Vénus et Adonis.
5. Diane et Endymion.
6. Bacchus et Ariane.
7. Comus et Pan.
8. Hercule et Omphale.
9. Persée et Andromède.

Bustes antiques grav. par Mellan.

10. Une Impératrice.
11. Un Sénateur Romain.
12. Une Dame Romaine.

Bustes antiques grav. par Baudet.

13. Le Dieu Mars.
14. Minerve.
15. Cérès.
16. Un Faune.
17. Alexandre-le-Grand.
18. Aristote.
19. Socrate.
20. Isocrate.
21. Dame Grecque.
22. Un Consul Romain.
23. Jeune Cléopâtre.
24. Jeune Cléopâtre, femme de Juba.
25. Marcella, femme d'Agrippa.
26. Livia, femme de Drusus, fils de Tibère.
27. Lucius César, fils d'Agrippa et de Julie.
28. L'Empereur Trajan.
29. L'Empereur Hadrien.
30. Dame Romaine du temps d'Hadrien.
31. Annius Verus, fils de Marc Aurèle.
32. L'Empereur Septime Sévère.
33. Autre Buste de l'Empereur Septime Sévère.
34. Le jeune Geta.

35. Geta, frère de Caracalle.
36. Clodius Albinus.
37. Julia Domna, femme de l'Empereur Septime Sévère.
38 Dame Romaine, du temps d'Alexandre Sévère.
39. Julia Sœmias, mère d'Eliogabale.
40. Buste antique.
41. Autre Buste antique.
42. Autre Buste antique.
43. Autre Buste antique.

Sphinx dess. et grav. d'après Louis Lerambert, par Le Pautre.

44 Un Sphinx.
45. Un autre Sphinx.

Vases grav. par Le Pautre.

46. Vase de Bronze, de 2 pieds 6 pouces.
47. Autre Vase, de même.
48. Autre Vase, de même.
49. Autre Vase, de même.
50. Autre Vase, de même.
51. Autre Vase, de même.

ATLAS I.

TAPISSERIES DU ROY,

Grav. d'après M. Le Brun, par Sébastien Le Clerc.

SUJETS.

1. Frontispice, commun aux quatre Eléments et aux quatre Saisons de l'année, *invent. par J. Bailly, et grav. par Sébastien Le Clerc.*
2. Frontispice particulier aux quatre Eléments, *invent. par J. Bailly, et grav. par Séb. Le Clerc.*
3. L'Elément du Feu.
4. L'Elément de l'Air.
5. L'Elément de la Terre.
6. L'Elément de l'Eau.
7. Frontispice particuliers aux Devises des quatre Eléments.
8. Première et seconde Devises de l'Elément du Feu.
9. Troisième et quatrième Devises de l'Elément du Feu.
10. Première et seconde Devises de l'Elément de l'Air.
11. Troisième et quatrième Devises de l'Elément de l'Air.
12. Première et seconde Devises de l'Elément de la Terre.
13. Troisième et quatrième Devises de l'Elément de la Terre.
14. Première et seconde Devises de l'Elément de l'Eau.
15. Troisième et quatrième Devises de l'Elément de l'Eau.

ATLAS J.

CARROUSEL, COURSES DE TÊTE
ET DE BAGUE.

1. Le Buste de Louis XIV, avec ce titre au bas, Festiva ad capita annulumque decursio, Principibus summisque Aulæ Proceribus. Edita anno 1662, *grav. par Gilles Rousselet.*

2. La Marche des Maréchaux de Camp et des cinq Quadrilles, commençant par un titre en cartouche, avec ces mots, Præfectorum Castrorum, et au-dessous est le commencement de la marche, depuis le N° 1 jusques et compris le N° 57, commençant par ces mots, Pars hortorum Regiorum.

3. Suite de la Marche, en deux planches tirées sur une même feuille; la première depuis le N° 58 jusques et compris le N° 56, commençant par ces mots, Duo Tubicines Castrorum Præfecti, etc. La seconde depuis le N° 57 jusques et compris le N° 65, commençant par ces mots, Armigeri duo.

4. Suite de la Marche, en deux planches, tirées comme les précédentes, sur une même feuille; la première depuis le N° 66 jusques et compris le N° 78, commençant par ces mots, Viginti Equitum Ephebi. La seconde depuis le N° 79 jusques et compris le N° 91, commençant aussi par ces mots, Viginti Equitum Ephebi.

5. Suite de la Marche, gravée de même en deux planches; la première depuis le N° 92 jusques et compris le N° 104, commençant par ces mots, Viginti Equitum Ephebi. La seconde depuis le N° 105 jusques et compris le N° 119, et commençant encore par ces mots, Viginti Equitum Ephebi.

6. Le Maréchal de Grammont, Maréchal de Camp général, Summus Castrorum Præfectus Gramontius.

ROMAINS (1ʳᵉ *Quadrille*).

7. Deux Timbaliers Romains, *grav. par F. Chauveau*, avec ces mots au haut de l'Estampe, Tympanotribæ Romani.
8. Deux Trompettes Romains, Romani Tubicines.
9. Trois Licteurs avec leurs Faisceaux, Lictores Romani.
10. Cheval de main, conduit par deux Palfreniers habillés à la Romaine, Equus ductitius, Hippocomi Romani.
11. Deux Pages, Ephebi Romani.
12. Un Aide de Camp, Romanus Castrorum Supræfectus.
13. Un Maréchal de Camp, Romanus Castrorum Præfectus.
14. Le Roi, en Empereur Romain, entre quatre Chevaliers, avec ce mot, Rex.
15. Onze Devises pour la Quadrille des Romains ; la première, qui est celle du Roy, est un Soleil, avec ces mots, Ut vidi, vici; et la onzième, qui est celle du Comte de Duras, a ces mots pour âme, De tuoi sguardi mio ardore.

PERSANS (2ᵉ *Quadrille*).

16. Timbalier et Trompette Persans, avec ces mots au haut de l'Estampe, Tympanistes et Tubicen Persæ.
17. Deux Estafiers et deux Palfreniers Persans, Stipatores, Equus ductitius, Agasones Persæ.
18. Ecuyer et Page Persans, Armiger et Ephebus Persæ.
19. Maréchal de Camp Persan, Castrorum Præfectus Persa.
20 Monsieur, Empereur des Perses, Dux Aurelianensis, Persarum Rex.
21. Onze Devises pour la Quadrille des Persans; la première, Uno Sole minor, est celle de Monsieur; et la dernière, qui est celle du Comte d'Illier, a pour âme, Poco duri furche minatzi

TURCS (3ᵉ *Quadrille*).

22. Timbalier et Trompette Turcs, avec ces mots au haut de l'Estampe, Tympani Pulsator, Tubicenque Turcæ.
23. Deux Estafiers et Palfreniers Turcs, Stipatores, Equus ductitius, Equisones Turcæ.
24. Ecuyer et Page Turcs, Armiger et Ephebus Turcæ.
25. Maréchal de Camp Turc, Castrorum Præfectus Turca.
26. Le Prince de Condé, Empereur des Turcs, Condæus Princeps, Turcarum Imperator.
27. Onze Devises pour la Quadrille des Turcs; la première, Crescit ut aspicitur, est celle du Prince de Condé; et la dernière, qui est celle du Duc de Luxembourg, a ces mots pour âme, Magna major fama.

INDIENS (4ᵉ *Quadrille*).

28. Timbalier et Trompette Indiens, avec ces mots au haut de l'Estampe, Tympanistes et Tubicen Indi.
29. Deux Estafiers et Palfreniers Indiens, Stipatores, ductus ad pompam Equus, Hippocomi Indi.
30. Ecuyer et Page Indiens, Armiger et Ephebus Indi.

31. Maréchal de Camp Indien, Castrorum Præfectus Indus.
52. Le Duc d'Enguien, Roi des Indes, Anguienus Dux, Indorum Rex.
55. Onze Devises pour la Quadrille des Indiens; la première, qui est celle du Duc d'Enguien, a pour âme ces mots, Magno de lumine lumen; et la dernière, qui est celle du Marquis de Ouailly, a ceux-ci, Respice, fovebo.

AMÉRICAINS *(5ᵉ Quadrille).*

54. Timbalier et Trompette Américains, avec ces mots au haut de l'Estampe, Tympanistes, Tubicen Américani.
55. Deux Maures portant des Singes et menant des Ours, Mauri Simios portantes, Ursos ducentes.
56. Deux Estafiers et Palfreniers Américains, Stipatores, Equus ductitius Agasones Americani.
57. Ecuyer et Page Américains, Armiger, Ephebus Americani.
58. Maréchal de Camp Américain, Castrorum Præfectus Americanus.
59. Monsieur le Duc de Guise, Roy des Américains, Americanorum Rex, Guisius.
40. Onze Devises pour la Quadrille des Américains, dont la première, Altiora præsumo, est celle du Duc de Guise; et la dernière, qui est celle du Marquis de Beuvron, a ces mots pour âme, Æquabo, si faveas.
41. Comparse des cinq Quadrilles dans l'Amphithéâtre, Quinque Turmarum in Amphitheatro pompa exhibita.
42. Course de Tête dans l'Amphithéâtre, Decursio ad capita.
45. Course de Bague, Decursio ad annulum.

ATLAS K.

FÊTES DE VERSAILLES.

SUJETS.

14. Cinquième journée, Feu d'artifice, *grav. par Le Pautre*.
15. Sixième journée, Illuminations, *id.*
16. Collation dans le petit Parc, N° 1, *id.*
17. Les Fêtes de l'Amour et de Bacchus, N° 2, *id.*
18. Festin dans le petit Parc, N° 3, *id.*
19. La Salle du Bal, N° 4, *id.*
20. Illuminations du Palais, etc N° 5, *id.*

ATLAS L.

PLANS, ÉLÉVATIONS, VUES, COUPES ET PROFILS

DE

L'HOTEL ROYAL DES INVALIDES.

SUJETS.

1. Départ du Roi, qui ordonne l'exécution du Plan de l'Hôtel Royal des Invalides, *grav. par* ***.
2. Plan général des fondations, etc., *grav. par J. Marot*.
3. Plan général du rez-de-chaussée, etc., *id.*
4. Plan général du premier étage, au-dessus du rez-de-chaussée de tous les bâtiments, etc., *grav. par le même*.
5. Plan général du second étage, etc., *grav. par le même*.
6. Plan du troisième étage, etc., *id.*
7. Plan du quatrième étage, etc., *id.*
8. Vue et perspective de l'élévation générale, etc., *grav. par J. Le Pautre*, en 2 planches.
9. Plan général et géométral, fait à vue d'oiseau, de tous les bâtiments, etc., *grav. par D. Marot*.
10. Vue et perspective de l'élévation générale, etc., *grav. par D. Marot*.
11. Vue et perspective de l'élévation générale, *grav. par P. Le Pautre*.
12. Elévation de la principale entrée, etc., *grav. par J. Marot*.
13. Elévation de la façade du derrière, etc., *id.*
14. Elévation d'une face prise, du côté de Paris, *id.*
15. Profil et élévation de la coupe générale dudit Hôtel et de ses deux Eglises, *grav. par J. Marot*.
16. Profil et élévation d'une autre coupe, etc., *grav. par J. Marot*.
17. Profil et élévation d'une autre coupe, etc., *id.*
18. Profil et élévation d'une autre coupe, etc., *id.*
19. Profil et élévation d'une autre coupe, etc., *id.*
20. Coupe ou vue intérieure et perspective de la magnifique Eglise, etc., *dess. par F. S. de La Monce, et grav. par G. Scotin*.

ATLAS M.

AUTRES PLANS, PROFILS, ÉLÉVATIONS ET VUES

DE

DIFFÉRENTES MAISONS ROYALES.

SUJETS.

ATLAS N.

DESSINS, PROFILS ET VUES

DE

Quelques Lieux de Remarques, avec divers Plans détachés,

DE

VILLES, CITADELLES ET CHATEAUX,

Grav. par Sylvestre, Le Pautre et Audran.

SUJETS.

1. Le Dôme de Seaux, *grav. d'après J. Le Brun, par Gerard Audran,* en 5 planches (MANQUE).
2. Vue du Collège des Quatre-Nations, *dess. et grav. par Israël Sylvestre.*
3. Plan de la Place de Vendôme, *grav. par *** .
4. Vue du Château de Marimont, du côté du Jardin, *dess. et grav. par Israël Sylvestre.*
5. Vue du Château de Jametz, *id.*
6. Profil de la Ville de Metz, du côté de la porte Mazel, *id.* en 2 planches.
7. Vue et perspective de la Ville et Citadelle de Verdun, *dess. et grav. par Sylvestre,* en 2 planches.
8. Vue de la Ville et Château de Sedan, *dess. et grav. par Sylvestre,* en 3 planches.
9. Vue et perspective de Montmédy, *id.* en 2 planches.
10. Profil de la Ville et Citadelle de Stenay en Lorraine, *grav. par Israël Sylvestre,* en 2 planches.
11. Profil de la Ville et Forteresse de Marsal, *dess. et grav. par Israël Sylvestre,* en 2 planches.
12. Plan et profil de la Ville et du Château de Namur, *grav. par Le Pautre.*
13. Plan et profil de la Ville et du Château de Namur, où sont marqués les Ouvrages qui y ont été ajoutés, depuis la prise de cette Place, par le Roi, en 1692, *grav. par Le Pautre,* en 3 planches.
14. Plan de la Ville de Roses, avec les attaques en 1693, *grav. par le Pautre,* en 5 planches.
15. Plan et profil de la Ville de Charleroi, *id.* en 5 planches.

ATLAS O.

PLANS ET PROFILS

APPELÉS COMMUNÉMENT LES

PETITES CONQUÊTES SERVANT A L'HISTOIRE DE LOUIS XIV,

Gravés par S. Le Clerc et autres.

SUJETS.

1. Arc de Triomphe de Louis XIV, à la Porte St-Antoine, *grav. par S. Le Clerc.*
2. Orsoy, *grav. d'après le dess. de S. Le Clerc, par Louis Châtillon.*
3. Burick , *grav. par Louis Châtillon.*
4. Rinberg, *id.*
5. Réez, *grav. par Le Clerc.*
6. Emmerick, *grav. par* ***.
7. Le Passage du Rhin, *grav. par Dolivart.*
8. Le Fort de Schenck, *grav par Le Clerc.*
9. Doesbourg, *grav. par Louis Châtillon.*
10. Utrecht, *id.*
11. Nimegue, *grav. par Le Clerc.*
12. Prise de l'Ouvrage à corne de Mastrick, *grav. par Louis Châtillon.*
13. Mastrick, *grav. par Marot.*
14. Grey , *grav. par Le Clerc.*
15. Salins, *id.*
16. Besançon, *grav. par Marot.*
17. Dole, *id.*
18. Sortie de la Garnison de Dole, *grav. par Colin.*
19. Bataille de Saintzheim, *grav. par Le Clerc.*
20. Bataille de Seneff, *id.*
21. Messine secourue, *id.*
22. Dinant, *grav. par Louis Châtillon.*
23. Huy, *id.*
24. Agousta, *grav. par Le Clerc.*
25. Bataille navale près Agousta, *grav. par Le Clerc.*
26. Bouchain, *id.*
27. Bataille de Palerme, *id.*
28. Aire, *grav. par Louis Châtillon.*
29. Lescalette, *grav. par Le Clerc.*
30. Valenciennes, *grav. par J. Dolivart.*
31. La Bataille de Cassel, *grav. en grand par Le Clerc.*

ATLAS P.

VUES, MARCHES, ENTRÉES, PASSAGES

ET AUTRES SUJETS

SERVANT A L'HISTOIRE DE LOUIS XIV,

Gravés par Wandermeulen.

SUJETS.

ATLAS Q.

VUES, ENTRÉES

ET AUTRES SUJETS

SERVANT A L'HISTOIRE DE LOUIS XIV.

Grav. par Wandermeulen.

SUJETS.

1. Vue de la Ville et Château de Dinant, *grav. par N. Bonnart.*
2. Valenciennes prise d'assaut, *grav. par R. Bonnart.*
3. Vue de la Ville et Citadelle de Cambray, *grav. par F. Ertinger.*
4. Le Roy attaque la Citadelle de Cambray, *id. par R. Bonnart.*
5. L'Armée du Prince d'Orange défaite, *id. id.*
6. Saint-Omer, vu du côté du Fort, *id. id.*
7. Vue de Leuve, *id. par Ertinger.*
8. Vue de la Ville et Faubourgs de Salins, *grav. par Baudoins*, en 2 planches.
9. Vue de Saint-Laurent de la Roche, *id.*
10. Vue de Saint-Laurent de la Roche, du côté du Bourg, *id.*
11. Vue du Château Sainte-Anne, en y entrant, *id*
12. Vue du Château Sainte-Anne, par derrière la montagne, *id*
13. Vue du Châteaux de Joux. *id.*
14. Vue de la Ville de Besançon, *id.* en 2 planches.
15. Vue de la Ville de Gray, *id* en 2 planches.
16. Vue de la Ville et du Port de Calais, *grav. par R. Bonnart et Franç. Baudoins*, en 2 planches.
17. Entrée de la Reine dans Arras, *grav. par R. Bonnart.*
18. Entrée du Roi dans Dunkerque, *grav. par Hooghe*, en 2 planches.
19. Vue de la Ville de Béthune, *id. par Baudoins*, en 2 planches.
20. Vue de la Ville d'Ardres, *id. id.*
21. Vue de Luxembourg, *grav. par N. Bonnart.*
22. Bataille, dédiée au Duc d'Enguien, *grav. par Huchtenburgh.*
23. Bataille, dédiée au Duc de Chevreuse, *id.*

ATLAS R.

PAYSAGES, MORCEAUX D'ÉTUDES, &.

Gravés d'après Wandermeulen, ou provenant de son fonds.

SUJETS.

1. Grand Paysage, dédié à M. Le Brun, *grav. par Baudoins.*
2. Grand Paysage en hauteur, où l'on voit une Chasse au Cerf, *grav. par Baudoins.*
3. Grand Paysage en travers, où l'on voit une Chasse au Cerf, *id.*

4. Paysage, dédié à **M**. Jabach, *grav. par Baudoins.*

5. Paysage, où l'on voit un Cavalier,　　　　*id.*

6. Paysage, où l'on voit une Chasse au Loup, *grav. par Baudoins.*

7. Paysage, où l'on voit des Chasseurs et une meute de chiens, *grav. par Baudoins.*

8. Paysage, où l'on voit des Chasseurs assis, *grav. par Baudoins* (MANQUE).

9. Paysage, où l'on voit une marche de Troupes, *grav. par Huchtenburgh* (MANQUE).

10. Paysage, où l'on voit deux Mulets chargés, *grav. par ***.*

11. Paysage, où l'on voit un Coche, *grav. par ***.*

12. Deux Paysages, sur la même demi-feuille, dédiés à Champagne, *grav. par Baudoins.*

13. Deux Paysages, *Idem*, dont un représente des voyageurs repoussés par le vent, etc., *grav. par ***.*

14. Deux Paysages, *Idem*, dont un représente des gens qui passent une Rivière, etc.

15. Trois Paysages, sur la même demi-feuille, *grav. par Baudoins.*

16. Trois Paysages, *Idem, grav. par Baudoins.*

17. Quatre petites Batailles, sur la même demi-feuille, *grav. par Huchtenburgh.*

18. Huit petits Paysages ou Siéges, sur la même demi-feuille, *grav. par Huchtenburgh.*

19. Six petits Paysages, sur la même demi-feuille, *grav. par Baudoins.*

20. Huit Siéges de Villes, ovales, *Idem, grav. par Huchtenburgh.*

21. Dix planches représentant des Chevaux, sur cinq demi-feuilles, *grav. par Huchtenburgh.*

22. Grand Paysage, où l'on voit un Neptune formant une Fontaine, *invent. et grav. par Genoëls.*

23. Grand Paysage en hauteur, où l'on voit deux hommes sur une terrasse, *invent. par Genoëls et grav. par Baudoins.*

24. Grand Paysage en hauteur, où l'on voit un homme et une femme sur un Perron, *invent. par Genoëls et grav. par Baudoins.*

25. Perspective, où l'on voit Apollon et Diane sur des Piedestaux, *invent. par Genoëls.*

26. Perspective, sur le devant un homme et une femme assis auprès d'un Canal, *invent. par Genoëls.*

27. Paysage, où sont deux hommes assis, *invent. par Genoëls.*

28. Paysage, des hommes dans une Barque, *invent. et grav. par Genoëls.*

29. Six Paysages, deux à deux, sur trois demi-feuilles, *grav. par Genoëls.*

30. Six Perspectives, Jardins, etc., sur la même demi-feuille, *invent. et grav. par Genoëls.*

31. Six petits paysages, *Idem, grav. par Genoëls.*

32. Six Paysages en rond, *Idem*, 2 *grav. d'après Genoëls.*

33. Six petits Paysages, *Idem, invent. et grav. par Baudoins.*

34. Deux Planches, *Idem*, dont une représente des gens à cheval, l'autre un Village, *grav par ***.*

ATLAS 8.

PLANS, PROFILS ET VUES DE CAMPS,

PLACES, SIÉGES ET BATAILLES,

SERVANT A L'HISTOIRE DE LOUIS XIV.

Gravés d'après Beaulieu, par F. Colignon,

N. Cochin et G. Perelle, etc.

SUJETS.

1. Bataille de Rôcroy, en 1643, en 4 planches.
2. Plan de Thionville, 1643.
3. Profil de Thionville, 1643.
4. Plan de la ville et Château de Sirck, 1643.
5. Profil de Sirck, 1643.
6. Plan de la Ville et Citadelle de Trin, 1643.
7. Profil de Rotteville, 1643.
8. Prise de trois vaisseaux Turcs, 1643.
9. Plan de Gravelines, 1644.
10. Profil de Gravelines, 1644.
11. Combats devant la Ville et Château de Fribourg, 1644, en 2 planches.
12. Campagne du Duc d'Enguien, 1644, en 2 planches.
13. Plan du fort de Watte, 1644.
14. Profil de Spire, 1644.
15. Plan de la Ville de Saint-Ya, 1644.
16. Profil de la Ville de Worms, 1644.
17. Profil de la Ville de Mayence, 1644.
18. Profil de Landau, 1644.
19. Plan du Siége et reprise d'Ast, 1644.
20. Plan de la Ville et Mole de Tarragone, 1644.
21. Profil de Tarragone, 1644.
22. Plan du Camp de César, près d'Arras, 1644.
23. Profil de Creutznach, 1644.

ATLAS T.

PLANS, PROFILS ET VUES DE CAMPS,

PLACES, SIÉGES ET BATAILLES,

SERVANT A L'HISTOIRE DE LOUIS XIV.

Gravés d'après Beaulieu.

SUJETS.

1. Plan de la Ville de Roses, 1645.
2. Plan de la Bataille de Liorens, 1645.
3. Plan du Passage du Rhin, 1645.
4. Plan de la Ville de la Motte, 1645.
5. Profil de la Ville de la Motte, 1645.
6. Mardick, 1645.
7. Profil de Mardick, 1645.
8. Plan de la Ville de Rottenbourg, 1645.
9. Profil de Rottenbourg, 1645.
10. Plan du Fort de Linck, 1645.
11. Ordre de la Bataille de Norlinguen, 1645, en 2 planches.
12. La Bataille de Norlinguen, 1645, en 2 planches.
13. Profil de Norlinguen, 1645.
14. Plan de la Ville de Bourgbourg, 1645.
15. Profil de Bourgbourg, 1645.
16. Plan de la Ville de Dinckespuhel, 1645.
17. Plan de la Ville de Montcassel, 1645.
18. Plan de la Ville et Château de Béthune, 1645.
19. Profil de Béthune, 1645.
20. Profil de la Ville de Lillers, 1645.
21. Plan de la Ville de Saint-Venant, 1645.
22. Profil de la Ville de Saint-Venant, 1645.
23. Plan de la Ville d'Armentières, 1645.
24. Profil d'Armentières, 1645.
25. Plan de la Ville de Vigevano, 1645.
26. Plan de Menin, 1645.
27. Plan de la Ville et Château de Balaguer, 1645.
28. Profil de Trèves, 1645.

ATLAS U.

PLANS, PROFILS ET VUES DE CAMPS,
PLACES, SIÉGES ET BATAILLES,
SERVANT A L'HISTOIRE DE LOUIS XIV.

Gravés d'après Beaulieu, depuis l'année 1646,

jusques et compris 1648.

SUJETS.

1. Plan de la Ville de Courtray, 1646.
2. Profil de Courtray, 1646.
3. Plan de la Ville de Bergue-Saint-Vinox, 1646.
4. Profil de Bergue-Saint-Vinox, 1646.
5. Plan du Fort de Mardick, 1646.
6. Profil du Fort de Mardick, 1646.
7. Plan de la Ville de Furnes, 1646.
8. Profil de Furnes, 1646.
9. Plan du Siége de Dunkerque, 1646.
10. Profil de Dunkerque, 1646.
11. Plan de la Ville de Piombine, 1646.
12. Profil de Piombine, 1646.
13. Plan de la Forteresse de Portolongone, 1646.
14. Profil de Portolongone, 1646.
15. Profil de la Bassée, 1647.
16. Plan de la Ville de Dixmude, 1647.
17. Profil de la Ville de Dixmude, 1647.
18. Plan du Combat, donné entre les Villes de Dixmude et Nieuport, 1647.
19. Plan de la Ville de Lens, 1647.
20. Profil de Lens, 1647.
21. Profil de la Ville et Château d'Ager, 1647.
22. Profil de la Ville de Constantin, 1647.
23. Plan de la Ville d'Ypres, 1648.
24. Profil d'Ypres, 1648.
25. Plan de la Ville et Château de Tortose, 1648.
26. Profil de Tortose, 1648.
27. Profil de la Ville de Flix, 1648.
28. Profil de la Bataille de Lens, 1648.
29. Seconde Bataille de Lens, 1648, en 2 planches.
30. Armées rangées en bataille, près de Lens, 1648, en 2 planches.
31. Furnes, repris sur les Espagnols, 1648.

ATLAS V.

PLANS, PROFILS ET VUES DE CAMPS,

PLACES, SIÉGES ET BATAILLES,

SERVANT A L'HISTOIRE DE LOUIS XIV.

Gravés d'après Beaulieu, depuis l'année 1650,

jusques et compris 1659.

SUJETS.

1. La Bataille de Rethel, 1650.
2. Profil de Rethel, 1650.
3. Profil de la Ville de Mouson, 1650.
4. Plan de la Ville et Citadelle de Stenay, 1654.
5. Profil de Stenay, 1654.
6. Plan du Siége d'Arras, 1654.
7. Plan du Camp des Armées du Roi, pour le secours d'Arras, 1654.
8. Plan des Attaques à la Corne de Guiche d'Arras, 1654.
9. Profil d'Arras, 1654.
10. Profil de la Ville du Quesnoy, 1654.
11. Profil de la Ville de Clermont en Barrois, 1654.
12. Profil de la Ville de Landrecy, 1654.
13. Plan de la Ville du Cap de Quiers, 1655.
14. Profil de la Ville du Cap de Quiers, 1655.
15. Plan de la Ville et du Château de Valence, 1656.
16. Profil de la Capelle, 1656.
17. Plan de la Ville de Montmédy, 1657.
18. Profil de Montmédy, 1657.
19. Batailles des Dunes, 1658.
20. Plan de la Ville et Port de Dunkerque, 1658.
21. Profil de la Ville de Commines, 1658.
22. Carte du Gouvernement de Calais, 1658.
23. Plan de la Ville de Mortare, 1658.
24. Plan de l'Ile de la Conférence, 1659.
25. L'Ile de la Conférence, 1659, en 2 planches.
26. Profil de Fontarabie, 1659, en 2 planches.
27. Plan de l'Ile des Faisans, 1659.
28. Profil et vue de l'Ile de la Conférence, 1659, en 2 planches.

14

ATLAS X.

PLANS, PROFILS ET VUES DE CAMPS,

PLACES, SIÉGES ET BATAILLES,

SERVANT A L'HISTOIRE DE LOUIS XIV.

Gravés d'après Beaulieu, depuis l'année 1662,

jusques et compris 1697.

SUJETS.

1. Plan des Villes de Vic, Moyenvic et Marsal, 1662.
2. Profil de Moyenvic, 1662.
3. Profil de Marsal, 1662.
4. Plan de l'Ile de Candie, 1668.
5. Profil de la Ville de Candie, 1668.
6. Plan de Ville et des Attaques de Mastrick, 1673.
7. Bataille de Saintzheim, 1674.
8. Bataille d'Ensheim, 1674.
9. Profil de la Ville de Condé, 1676.
10. Profil de la Ville d'Aire, 1676.
11 Plan de la Bataille de Cassel, 1677.
12. Profil de la Ville de Saint-Omer, 1677.
13. Attaques de la Ville de Gênes, 1684.
14. Plan de la Ville de Tripoli, 1685.
15. Plan du Siége de Philisbourg, 1688.
16. Profil de Philisbourg, 1688.
17. Plan de la Ville de Mons, 1691.
18. Profil de la Ville de Liége, 1691.
19. Plan de la Ville et Citadelle de Namur, 1692.
20. Profil de la Ville de Roses, 1693.
21. Plan de la Ville de Charleroy, 1693.
22. La Bataille du Ter, 1694, en 2 planches.
23. Plan de la Ville et Citadelle de Palamos, 1694.
24. Profil de la Ville de Girone, 1694.
25. Plan du Siége d'Ath, 1697.
26. Plan de la Ville de Barcelone, 1697, en 4 planches.
27. Profil de Barcelone, 1697.

SUITE

DU

CATALOGUE DES GRAVURES.

Atlas Y. — Arrangement des Volumes d'Estampes ou Catalogue des Atlas qui précèdent. Paris, imprim Royale, 1727.

Atlas Z. — Sacre de Louis XV, en 2 parties. La première contient, avec le Frontispice et la Dédicace, 9 tableaux, leur description et leur allégorie, en tout 42 planches ; la deuxième renferme les différents Costumes du Roi et des grands personnages de sa cour, en 30 planches. Total 72 planches.

Atlas A 2. — Descriptions des Fêtes données par la Ville de Paris à l'occasion du Mariage de Mᵐᵉ Louise Elisabeth de France et de Don Philippe, infant d'Espagne, les 29 et 30 Août 1739, *par Lemercier*, 13 planches.

Atlas B 2. — Plans de Paris, 21 planches.

Atlas C 2. — Noms, qualités et Armoiries des Lieutenants-Généraux, etc., etc., de la Ville de Paris, 117 planches.

Atlas D 2. — Recueil de Traités de Mathém., Paris, imprim. Royale, 1676.

Atlas E 2. — Atlas de Géograph. et d'Hist., *par M. Buy de Mornas*, 1761, en 57 planches.

Atlas F 2. — Atlas et Mémoires militaires relatifs à la Succesion d'Espagne sous Louis XIV, *par Petet*, 1838, avec la Table détaillée en tête.

Atlas G 2. — Statistique monumentale de Paris :

Planche 1ʳᵉ. Plans de Paris indiquant les places romaines, *par Albert Lenoir*.

Planches 2 à 4. Couvent des Bernardins (14ᵉ SIÈCLE).

Planches 5 à 12 plus 37 et 38. St-Julien le Pauvre (12ᵉ SIÈCLE).

Planches 13 à 16. St-Germain-des-Prés.

Planches 17 à 23. Eglise et Cimetière des Innocents avec ses monuments.

Planches 24 à 25. Chapelle du Collége de Beauvais.

Planches 26 à 29. Carmes Déchaussés.

Planches 30 à 33. Abbaye de Montmartre.

Planches 34 à 35. St-Jean de Latran.

Planche 36. Autels et fragments découverts dans la Cité.

Planches 39 à 42. Palais des Thermes.

Planche 43. Antiquités romaines.

Chalon-s.-S., imprimerie SORDET-MONTALAN.

www.ingramcontent.com/pod-product-compliance
Lightning Source LLC
LaVergne TN
LVHW022023080426
835513LV00009B/849